기초 이탈리아어 스피치

PASSAPORTO PER ITALIA!

한국외국어대학교 이탈리아어통번역학과

기초 이탈리아어 스피치

HU:iNE

이탈리아 지도

Trento
Aosta
Milano
Trieste
Venezia
Torino
Bologna
Genova
San Marino
Firenze
Ancona
Perugia
L'Aquila
Roma
Città del Vaticano
Campobasso
Bari
Napoli
Potenza
Cagliari
Catanzaro
Messina

Introduzione

한국에서의 이탈리아 교육이 대학에서 시작된지도 50년이 넘어섰습니다.

그동안 한국과 이탈리아간의 경제는 물론이고 제 학문 분야에서의 교류또한 상당한 수준에 이르른 것도 이 세월속에서 성장해간 것들이라고 믿습니다.

특히 우리나라 젊은이들은 이탈리아로 수없이 많은 유학의 길을 떠났고 아직도 떠나고 있습니다. 하지만 다른 서양어권에 비해 국내의 이탈리아어 교육 인프라가 매우 미약하고 그 중 하나가 이탈리아어를 처음 접하는 분들의 학습서도 다양성 면에서나 체계성 면에서 많이 부족한 것이 사실입니다. 저는 이탈리아에서의 유학을 마치고 귀국하여 약 15년간 이탈리아어통번역학과에서 학생들에게 이탈리아어를 강의하면서 그 경험과 필요성을 깊이 느껴 본 교재를 출판하기에 이르렀습니다.

본 교재는 한국인 대부분이 영어를 공부하고 대학에 진학하던지 성인이 되었음을 염두에 두고 저술하였습니다. 즉, 본 교재를 사용하고자 하는 분들은 영어 공부를 통해 서양어에 대한 기본적인 문법적 사고와 용어를 이미 어느정도 습득했다고 봅니다. 따라서 본문에 대한 문법적인 설명도 별 어려움없이 이해하시리라 믿습니다.

본 교재의 가장 큰 목표는 짧은 시간 안에 초중급 수준의 이탈리아어를 구사할 수 있도록 한다는 것입니다. 이 목표를 위해 본 교재에서 사용하는 방법은 단순합니다.

먼저 학생은 본문을 소리내어 읽어본다. 그리고 또 다시 한국어 번역본을 참조하면서 본문을 소리내어 읽어본다.

다음으로는 이탈리아 교수의 목소리로 녹음된 본문을 mp3를 이용해서 여러차례 듣고 읽으며 강세, 억양, 끊어읽기 등등을 흉내낸다.

어느정도 원어민 처럼 읽을 수 있겠다고 생각되면 본문을 암기하는 것이다.

물론 조금은 답답하고 재미없을 수도 있을 것이다. 하지만 1주일에 한 과씩만 해낼 수 있다면 여러분은 한 달만 지나도 상당한 자신감을 갖게 될 것이다.

본 교재의 또 하나의 목표는 학생들에게 이탈리아어와 이탈리아의 다양한 문화에 대한 이해를 돕는 것이다. 이를 위해 본문 해설및 문법 설명 부분의 내용을 통해 상당한 수준의 이탈리아 문화를 재미있게 설명해주고자 하였다. 이러한 설명들은 이탈리아를 충분히 이해하고 응용력을 갖출 수 있도록 문법을 넘어 문화적인 큰 틀에서의 설명을 곁들였다.

본 교재가 출판되기까지에는 많은 분들의 도움이 있었기에 여기에 감사하는 마음을 표현하고자 합니다.

먼저 본 교재 체계를 가지고 성공적인 시도를 한 뒤 제게 많은 조언을 주신 스페인어통번역학과 교수님들께 감사드립니다. 그리고 본 교재가 태어날 수 있도록 처음부터 끝까지 모든 정성과 노력을 아낌없이 보여준 제자 강 승민양에게 감사를 표합니다. 그리고 세밀한 원문 교정과 녹음에 도움을 주신 이탈리아어통번역학과의 Sara Lis Ventura, Maria Anna Mariani 교수님께 감사드리며 이 교재의 출판을 허락해주시고 친절과 정성으로 한결같이 도움을 주신 한국외국어대학교 출판부 선생님들께 진심으로 감사드립니다.

2014년 8월 Pavia에서

이 상 엽

Contents

	머리말	6
Lezione 01	Ciao, come stai?	10
Lezione 02	Mi chiamo Alberto.	16
Lezione 03	Dov'è Piazza del Duomo?	24
Lezione 04	Una conversazione con un amico straniero	32
Lezione 05	Parlare dei mezzi ditrasporto	40
Lezione 06	Conoscere un nuovo amico	50
Lezione 07	Invitare un amico	60
Lezione 08	In un ristorante	70
Lezione 10	Le compere	82
Lezione 11	Dialoghi quotidiani	96
Lezione 12	In un'agenzia di viaggi	108

Lezione 13	In albergo	122
Lezione 14	All'aeroporto	134
Lezione 15	Presentare la propria famiglia	144
Lezione 16	Presentare lamia università	154
Lezione 17	La bandiera nazionale coreana e italiana	164
Lezione 18	La Corea: la geografia, il cibo e lo sport(1/2)	176
Lezione 19	La Corea: il clima e la lingua(2/2)	186
Lezione 20	Il mito di fondazione della Corea	196
Lezione 21	Una fiaba coreana: il vecchio con il bernoccolo	208
Lezione 22	Storia coreana contemporanea	222
Lezione 23	I giovani coreani di oggi	232

Lezione 01

Ciao, come stai?

안녕, 어떻게 지내니?

- Ciao!
  안녕!
- Piacere!
  반갑다!
- Benvenuto(a)!
  잘 왔어! / 환영한다!

- Buon giorno!
  안녕하세요! (아침/낮 인사)
- Buona sera!
  안녕하세요! (저녁 인사)
- Buona notte!
  안녕히 주무세요! / 잘 자!

- Come stai?
  어떻게 지내니?
- Come sta?
  어떻게 지내세요?
- Come va?
  어떠세요?

- Bene, grazie. E tu?
  좋아, 고맙다. 너는?
- Molto bene, grazie.
  아주 잘 지내, 덕분에.
- Non sto bene.
  잘 못 지내고 있어.
- Sto male.
  몸이 아파. / 몸 상태가 나빠.
- Così così.
  그저 그래. / 그럭저럭 지내.
- Sono stanco(a).
  피곤해.
- Sono esaurito(a).
  완전히 지쳤어.

- Ho il raffreddore.
  감기 들었어.
- Ho mal di gola.
  목감기 걸렸어. / 목이 아파.
- Ho un po' di febbre.
  열이 좀 있어.

- Arrivederci!
  안녕히 가세요! / 안녕히 계세요!
- Ci vediamo domani!
  내일 보자.
- Ci vediamo più tardi!
  나중에 보자.
- Ci vediamo presto!
  곧 보자.
- Ciao!
  안녕!

구문 해설 및 문법 설명

1 Ciao는 우리말의 "안녕"과 매우 유사한 인사말로서, 친한 사이에서 나이에 상관없이 만날 때와 헤어질 때 모두 쓸 수 있다. 같은 또래나 어린 아이에게는 처음 만나거나 잘 모르는 경우에도 흔히 Ciao! 하며 정답게 인사한다.

2 상대방이 Piacere! 라고 할 때 Piacere mio! 하고 응대하면 "저야말로 반갑습니다!" 라는 뜻이 된다. mio는 "나의"라는 뜻으로 일인칭 남성 단수 소유형용사이다. 한편 "만나서 반가웠어"라는 표현은 근과거 시제를 사용해서 È stato un piacere! 라고 한다.

3 Benvenuto는 부사 bene (잘, 좋게)와 동사 venire (오다)의 과거분사 venuto가 결합된 말이다. 이것은 남성단수형이고 어미 '–o'를 '–a'로 바꾸면 여성단수형인 Benvenuta가 된다. 유사한 구조로 된 환영 및 반갑게 맞이하는 표현으로 Bentornato!, Benarrivato!, Bentrovati! 등이 있고 각각 "잘 돌아왔다!", "(이곳까지) 잘 와 주었다!", 그리고 주로 복수로 "(이 자리에) 잘 오셨습니다!"의 뜻이다. 한편, 16세기 피렌체 출신의 유명한 조각가 벤베누토 첼리니(Benvenuto Cellini, 1500-1571)처럼 이름으로 쓰였던 시대도 있었다.

4 하루 중 때인사말은 Buon giorno, Buona sera, Buona notte가 대표적이다. 오후(pomeriggio) 인사도 Buon pomeriggio! 라 하여 따로 있으나, 일상에서 보다는 주

로 TV나 라디오 등에서 오후 프로그램을 시작할 때 많이 쓰는 편이다. Buon과 giorno를 한 단어로 붙여서 최근에는 Buongiorno라고 쓰기도 한다. giorno나 sera대신 giornata (하루동안, 한 나절), serata (저녁시간, 저녁 나절)를 써서, 헤어질 때 Buona giornata! "좋은 하루 되세요!", Buona serata! "즐거운 저녁시간 보내!"라고도 흔히 인사한다. 같은 방식으로 Buon fine-settinama! "좋은 주말 보내!", Buon lavoro! "일/공부 즐겁게 열심히 해! / 잘 되길 바래!", Buon viaggio! "즐거운 여행 / 여정 되길 바랍니다!" 등의 다양한 표현이 사용되고 있다.

5 안부를 묻는 가장 기본적이고 널리 쓰이는 의문문이 Come stai? 이다. Come sta? 는 3인칭 단수형을 빌어 2인칭 존칭을 나타낸 것이다. Stare (어떤 상태로 있다, 지내다) 대신 andare (가다)를 사용한 Come va? 역시 안부를 묻는 표현인데, 하고 있는 일이나 처해 있는 상황을 주어로 넣어 다양하게 응용할 수 있다.

Es.
- Come vanno gli studi? "학업은 잘 돼가?"
- Come va la situazione economica in Italia?
"이탈리아 경제 상황은 어떻습니까?"

6 위와 같은 안부의 물음에 대해 기분이나 몸 상태에 따라 적절한 답변을 하면 되는데, stare와 부사 (bene, male), essere (이다, 있다) + 형용사, avere (지니다, 가지다) + 명사 구문으로 된 가장 많이 쓰이는 표현이 본문에 나와 있다. 한편, Non sto bene 에서 알 수 있듯이 부정문은 일반적으로 동사 앞에 부정어 non을 두어 만든다. Ho mal di gola 는 목이 아프다, 즉 인후통의 증세가 있다는 뜻인데, gola 대신 다른 신체 부위 명사를 대입하여 몸 상태를 설명할 수 있다.

Es. ·두통 mal di testa
·복통 mal di stomaco
·치통 mal di denti

7 헤어질 때 하는 인사로, 친한 사이면 Ciao를 쓰고 그렇지 않은 다른 모든 경우에는 Arrivederci!를 쓰면 된다. 수업을 마치고 교수님께 인사할 때, 상점에서 물건을 사고 나올 때, 연세 드신 분에게 친근하면서도 예의 바르게 인사할 때, 불특정 다수에게 모두 사용할 수 있다. 이 인사말은 시간의 전치사 'a'와 반복의 접두사 'ri-'(다시), 동사 'vedere' (보다), 그리고 직접목적격 인칭대명사 'ci (우리 서로를)'가 합쳐져 하나로 굳어진 단어로서, 직역하면 "우리가 다시 만날 때까지 (안녕히 계세요)"의 의미이다. 상대방과 거리가 있고 더 존칭하고자 할 경우 ArrivederLa! 를 쓴다. 이 때 'La'는 3인칭의 형태로 2인칭 존칭(당신)의 의미를 가진다.

8 다음 만남을 기약하는 표현으로 Ci vediamo + 시간 (domani, più tardi, presto) 형태의 구문을 가장 많이 사용한다. 이 때 'Ci vediamo'는 "우리 서로(를 다시) 만나자 / 보자"는 뜻이며 vedere (보다)가 상호적 용법의 재귀동사로 쓰였다. Ci vediamo stasera! "오늘 저녁에 만나!", Ci vediamo il prossimo martedì! "다음 화요일에 봅시다!" 등으로 응용해 볼 수 있다.

명사/형용사의 성·수

	단수(sg.)	복수(pl.)
남성(m.)	- o	- i
여성(f.)	- a	- e
남성/여성	- e	- i

기본동사 직설법 현재 활용

	essere	avere	stare
io	sono	ho	sto
tu	sei	hai	stai
lui/lei/Lei	è	ha	sta
noi	siamo	abbiamo	stiamo
voi	siete	avete	state
loro	sono	hanno	stanno

요일명

월요일	lunedì	금요일	venerdì
화요일	martedì	토요일	sabato
수요일	mercoledì	일요일	domenica
목요일	giovedì		

l'altro ieri　ieri　oggi　domani　dopodomani

Lezione

02

Mi chiamo Alberto.

내 이름은 알베르토야.

Alberto : Ciao! Mi chiamo Alberto.
알베르토 : 안녕! 내 이름은 알베르토야.

Nari : Ciao! Mi chiamo Nari. Di dove sei?
나리 : 안녕! 난 나리라고 해. 너 어디 출신이니?

Alberto : Sono di Milano. E tu?
알베르토 : 난 밀라노 사람이야. 너는?

Nari : Sono di Seul, sono coreana.
나리 : 나는 서울에서 온 한국 사람이야.

Alberto : Sei studentessa?
알베르토 : 너 학생이니?

Nari : Sì, sono studentessa dell' Università Hankuk di Studi Stranieri.
Studio l'italiano presso il dipartimento di Traduzione e Interpretazione d'italiano. E tu?
나리 : 응, 한국외국어대학교 학생. 이탈리아어 통번역학과에서 공부해. 너는?

- Alberto : Sono studente dell' Università degli Studi di Perugia.
  Io frequento il dipartimento di Italianistica

  알베르토 : 나는 페루지아 대학교 학생이야. 국어국문학과에 다녀.

- Nari : Bene, sono molto contenta di conoscerti.

  나리 : 좋은걸. 너를 알게 돼서 정말 기뻐.

- Alberto : Anch'io sono molto contento. Ci vediamo.

  알베르노 : 나도 아주 기쁘디. 우리 또 보자.

- Nari: A presto.

  나리 : 곧 또 만나.

구문 해설 및 문법 설명

1 이탈리아어로 이름은 nome, 성(姓)은 cognome이다. 이름을 물을 때 존대말로는 Come si chiama? (성함이 어떻게 되십니까?), 또래나 격의없는 사이에는 Come ti chiami? (이름이 뭐니?)라고 한다. Come는 "어떻게"라는 뜻의 의문사이며, ti chiami는 동사 chiamare (부르다)의 재귀적 용법으로, 직역하면 "네가 네 자신을 부르다"라는 뜻이 된다.

동사의 재귀적 용법이란 본질적으로 주어의 행위가 주어 자신을 목적어로 하는 경우를 말한다. 이 용법에서 동사는 주어와 같은 인칭의 재귀대명사(이 경우 ti)를 항상 동반한다. 즉 주어, 재귀대명사(직접목적어), 동사가 모두 같은 인칭을 가리키게 된다.

참고로, 이름은 아는데 성을 모를 때, 또는 반대로 성은 아는데 이름을 몰라 묻고 싶다면 각각, Come ti chiami di cognome? "네 성은 뭐니?", Come si chiama di nome? "이름은 어떻게 되세요?"라고 한다.

어느 경우에나 가장 흔히 쓰이는 표현은 위의 것이지만 간혹 쓰기도 하는 좀더 쉬운 표현 한 가지를 소개하자면 Il mio nome è Alberto (Maria...).

2 Di dove sei?는 국적, 살아온 곳, 고향 등 출신지를 묻는 의문문이다. 출신/소속의 전치사 'di'와 장소 의문사 dove, 그리고 동사 essere로 이루어져 있다. 답변할 때에도 역시 essere + di + 장소명사 구문으로 말하고, 많은 경우

출신지의 형용사형도 쓰인다. 예를 들면, 본문의 Sono di Milano 대신 Sono milanese 라고 할 수 있다.
출신지를 묻는 의문문으로 근래 Di dove sei? 보다는 사용이 줄었으나 Da dove vieni? "어디서 왔니?"도 있다. 이에 대한 대답 역시 의문문에 쓰인 동사 venire (오다)와 출신/유래의 전치사 'da'를 써서 Vengo da Busan (부산에서 왔습니다) 또는 Vengo dalla Corea del Sud (한국에서 왔어)라고 하면 된다. 문법상 도시명 앞에는 기본형 da를 쓰고 국가명 앞에는 정관사가 결합된 형태(dalla = da + la)를 사용한다.
구체적으로 국적을 묻는 의문문으로 Di che nazionalità sei?가 있는데 여기에는 essere + 국가명의 형용사형으로 답하는 것이 관례이다. 예를 들어, Di che nazionalità è Alberto? "알베르토는 어느 나라 사람이지?", Lui è italiano. "그는 이탈리아인이다."

주요 국적 형용사와 국가명	
coreano (Corea)	irlandese (Irlanda)
italiano (Italia)	greco (Grecia)
americano (America, USA)	portoghese (Portogallo)
belga (Belgio)	finlandese (Finlandia)
danese (Danimarca)	argentino (Argentina)
olandese (Olanda, Paesi Bassi)	cinese (Cina)
spagnolo (Spagna)	giapponese (Giappone)
canadese (Canada)	vietnamita (Vietnam)
messicano (Messico)	svizzero (Svizzera)
francese (Francia)	svedese (Svezia)
tedesco (Germania)	austriaco (Austria)
inglese (Inghilterra)	australiano (Australia)
russo (Russia)	brasiliano (Brasile)
	ceco (Repubblica Ceca)

이탈리아 주요 도시/주 형용사와 도시명	
milanese (Milano)	parmense (Parma)
sardo (Sardegna)	siciliano (Sicilia)
senese (Siena)	romano (Roma)
pavese (Pavia)	bolognese (Bologna)
veneziano (Venezia)	perugino (Perugia)
fiorentino (Firenze)	amalfitano (Amalfi)
torinese (Torino)	pisano (Pisa)
napoletano (Napoli)	

3 통성명을 하고 국적이나 출신지를 알만큼 안면을 익히면 자연스럽게 서로의 신분이나 직업에 대한 얘기를 하게 될 것이다. 본문에서는 대화의 주인공이 두 사람 모두 대학생이어서 각기 소속 학교와 전공 학과를 밝히고 있다. 학생을 뜻하는 studente는 동사 studiare (공부하다)의 현재분사형이 명사로 굳어진 것이다. 다른 예로 cantante가 있는데, 이는 동사 cantare (노래하다)의 현재분사형이 명사화 된 것으로 "노래하는 사람", 즉 "가수"라는 뜻이다. studente에 직업명사의 여성형 '–essa'가 붙어서 여학생 studentessa가 되었다.

학년을 묻고 싶다면 A che anno sei? "몇 학년이니?"하고, 이 물음에 Sono al primo anno, sono matricola. "1학년, 신입생이야"라고 대답할 수 있다. 학년은 서수 (primo=1o)로 말하고, matricola는 남성/여성 같은 형태이며 복수형만 matricole로 다르다.

많이 쓰이는 직업 명사의 남성형과 여성형

dottore – dottoressa (의사, 박사)

professore – professoressa (교수)

attore – attrice (배우)

scrittore – scrittrice (글쓰는 사람, 작가)

artista (예술가), giornalista (기자), 등 : 단수일 때 남/여 동형, 복수일 때 남성은 '–i', 여성은 '–e'.

architetto (건축가), medico (의사), 등 : 여성형이 따로 없어 남성형으로 여성에게도 쓰인다.

cuoco (요리사), ballerina (발레리나), casalinga (주부), giudice (판사), 등은 기본 성/수 어미 변화 규칙을 따른다.

직설법 현재 (Il presente indicativo) 동사 변화형

◆규칙 활용형

	I군 동사 -are	II군 동사 -ere	III 군 동사 -ire	
	amare	credere	aprire	finire
io	am-o	cred-o	apr-o	fin-isco
tu	am-i	cred-i	apr-i	fin-isci
lui/lei/Lei	am-a	cred-e	apr-e	fin-isce
noi	am-iamo	cred-iamo	apr-iamo	fin-iamo
voi	am-ate	cred-ete	apr-ite	fin-ite
loro	am-ano	cred-ono	apr-ono	fin-iscono

◆자주 쓰이는 **불규칙 활용 동사들**

dire	dico	dici	dice	diciamo	dite	dicono
fare	faccio	fai	fa	facciamo	fate	fanno
sapere	so	sai	sa	sappiamo	sapete	sanno
sedere	siedo	siedi	siede	sediamo	sedete	siedono
bere	bevo	bevi	beve	beviamo	bevete	bevono
rimanere	rimango	rimani	rimane	rimaniamo	rimanete	rimangono
scegliere	scelgo	scegli	sceglie	scegliamo	scegliete	scelgono
uscire	esco	esci	esce	usciamo	uscite	escono
stare	sto	stai	sta	stiamo	state	stanno
tradurre	traduco	traduci	traduce	traduciamo	traducete	traducono
venire	vengo	vieni	viene	veniamo	venite	vengono
andare	vado	vai	va	andiamo	andate	vanno
salire	salgo	sali	sale	saliamo	salite	salgono
potere	posso	puoi	può	possiamo	potete	possono
dovere	devo	devi	deve	dobbiamo	dovete	devono
volere	voglio	vuoi	vuole	vogliamo	volete	vogliono

Memo

Lezione 03

Dov'è Piazza del Duomo?

두오모 광장이 어디입니까?

Turista : Mi scusi, dov'è Piazza del Duomo?
관광객 : 실례합니다. 두오모 광장이 어디입니까?

Lisa : Deve andare dritto e girare a destra al secondo incrocio. Non è difficile, è una piazza grande con tanti turisti.
리사 : 곧장 가시다가 두 번째 사거리에서 오른쪽으로 돌아야 합니다. 어렵지 않아요. 관광객이 많이 있는 큰 광장이거든요.

Turista : Ci sono dei ristoranti lì vicino?
관광객 : 그 근처에 레스토랑이 있나요?

Lisa : Certo, nella piazza ci sono molti ristoranti e bar famosi.
리사 : 물론이죠. 광장에는 유명한 레스토랑과 카페가 많이 있어요.

Turista : Ah, bene. C'è per caso un internet cafè qui intorno?
관광객 : 아, 잘됐군요. 이 주변에 혹시 인터넷 카페가 있습니까?

Lisa : Mmm... non lo so, mi dispiace.
리사 : 음... 죄송하지만 그건 잘 모르겠네요.

Turista : Non fa niente. Vorrei sapere anche come posso arrivare a Fiesole.

관광객 : 괜찮습니다. 그리고 피에졸레에 가는 길도 좀 알고 싶은데요.

Lisa : Fiesole si trova a nordest di Firenze. È un po' lontano, deve prendere l'autobus, il numero 7.

리사 : 피에졸레는 피렌체 북동쪽에 있습니다. 좀 멀어요. 버스를 타셔야 하는데, 7번 버스입니다.

Turista : Grazie mille, Lei è molto gentile.

관광객 : 정말 감사합니다. 참 친절하시네요.

Lisa : Prego. Arrivederci!

리사 : 별말씀을요. 그럼 안녕히 가세요.

구문 해설 및 문법 설명

1 **Mi scusi** : 모르는 사람에게 뿐만 아니라 아는 사람에게도 말을 걸 때나 질문, 요청 등을 하기 위해서 주의를 끌 때 일상적으로 사용되는 말이다. 말을 놓는 사이라면 "Mi"가 동사 뒤로 붙은 비존칭 2인칭 형태 Scusami를 쓰면 된다. 예: Scusami, hai una penna rossa? (저기, 빨간 볼펜 있니?) "Mi" 등의 인칭대명사 없이 Scusi 또는 Scusa 라고도 흔히 말한다.
이 말은 또한 잘못이나 실수 등에 대해 사과할 때도 쓰인다.

Es.
- Mi scusi per il disordine.
  "정리가 안되어 있어 죄송합니다"
- Scusami. "미안해"

2 **길 묻고 답하기** : 본문에는 길을 물을 때 사용되는 전형적인 문형이 나와 있다. Dov'è [장소]? 또는 동사 trovarsi(~에 위치하다, 자리잡다)를 써서 Dove si trova [장소]? 라고 하거나, Come posso arrivare a [장소]? 라고 하여 찾고자 하는 위치 (dove)나 가는 방법(come)을 묻는다. C'è / Ci sono [장소]? 구문을 써서 찾는 곳을 물을 수도 있다. 그 밖에 간단히 Per andare a/in [장소]? 라고도 한다.

Es.
- Dov'è la posta centrale?
  중앙우체국이 어디에 있습니까?
- Dove si trova la Fontana di Trevi?
  트레비 분수는 어디에 있어요?

· Come posso arrivare a Piazza San Marco?
산 마르코 광장에 어떻게 갑니까?

· C'è una farmacia qui vicino?
이 근처에 약국 있나요?

· Per andare allo stadio (che strada devo fare)? 경기장에 가려면 (어느 길로 갑니까)?

이에 대한 대답은 물론 상황에 따라 다양하겠만 자주 사용되는 몇몇 문형의 구조를 알아두면 이해하는 데 도움이 되고, 때로는 도움을 줄 수도 있다.

Es.

· Deve andare dritto.
곧장 가세요. / 직진하셔야 합니다.

· C'è una farmacia in fondo alla strada, sulla destra.
이 길 끝 오른편에 약국이 하나 있어요.

· Deve girare a sinistra al secondo semaforo.
두 번째 신호등에서 좌회전하세요.

· Prendi la prima strada a destra dopo il ponte.
다리 건너서 오른쪽 길로 꺾어.

· La banca si trova all' angolo tra Via Strozzi e Via De' Vecchietti.
그 은행은 스트로치가와 데 베키에띠가가 만나는 모퉁이에 있다.

한편, 인터넷 웹사이트를 가진 많은 회사나 상품매장, 전시장 등이 오프라인 방문객을 위해 약도와 길 안내를 설명한 페이지 "찾아오시는 길"은 이탈리아 웹사이트들의 경우 대개 "Come arrivare"로 통한다.

3 **Non è difficile** : 길을 알려 주다 보면 더 찾기 쉽게 돕고자 부연 설명을 하게 된다. 건물의 색깔이나 층수, 광장이 원형인지 사각형인지, 유명한 광고나 깃발 등의 눈에 금방 띄는 요소를 덧붙여 말하기도 하고, 걸리는 시간이나 거리

를 어림잡아 제시하기도 한다. 그러면서 Lo trova subito "금방 찾습니다", È subito qui "바로 여기입니다" 라든가, È a due passi da qui "여기서 아주 가깝죠", 또는 Non può sbagliare "헤매지 않을 겁니다 / 아주 찾기 쉬워요"와 같은 표현으로 보충한다.

4 **piazza grande, tanti turisti, molti ristoranti e bar famosi** : 이탈리아어에서 형용사는 명사를 대개 뒤에서 수식한다. 그러나 grande (위대한-큰), nuovo (최근의-처음 보는), vecchio (오래된-낡은) 같은 형용사는 의미를 달리하여 앞에서도 수식하고, tanto와 molto, poco 등의 부사로도 쓰이는 형용사들은 거의 명사의 앞에 놓인다. 음절 수가 많은 형용사들은 역시 대체로 뒤에서 수식하며, 여러 형용사가 함께 수식할 때는 명사 뒤에 열거되거나 앞뒤에서 명사를 둘러 싸기도 한다.

5 **lì vicino, qui intorno** : 여기, 저기, 거기 등의 장소 지시어를 사용하여 같은 말의 반복을 피할 수 있다. qui, qua는 "여기, 이 지점"을 말하고, là는 "저기/저곳", lì "거기/그곳"을 뜻한다. 이 대명사들은 단독으로도 쓰이지만, 다른 장소 부사와 종종 함께 쓰여서 의미도 분명히하고 단음절의 약점도 보완한다.

6 **mi dispiace–non fa niente, grazie–prego** : mi dispiace, mi scusi, scusami와 같은 "미안하다, 죄송하다"는 사과의 말에는 "괜찮다, 걱정하지 말라"는 Non fa niente, Non si preoccupi (존칭)/Non ti preoccupare 라고 대답하는 것이 일반적이다. mi diapiace는 사과의 말로도 쓰이지만 본문에서처럼 사과라기보다는 안타까움의 표현에 가까운 경우도 많고, Ti dispiace aprire la

finestra? (창문 좀 열어 주겠니?)에서와 같이 의향을 묻는 관용어구이기도 하다.
감사하다는 Grazie/Grazie mille (1000)/Grazie tante (대단히)/Grazie infinite (무한히)에는 보통 Prego (천만에요/별말씀을요/기꺼이 했습니다)로 응대하고, Di niente 혹은 Niente/Nulla (아닙니다/뭘 그런 걸 가지고) 라고도 흔히 답한다.

정관사

	단수(sg.)	복수(pl.)
남성(m.)	il	i
	lo*(l')	gli
여성(f.)	la (l')	le

* lo + s자음-, x-, z-, gn-, ps- 로 시작하는 남성 단수 명사

- 책 il libro-i libri
- 거울 lo specchio-gli specchi
- 배낭 lo zaino-gli zaini
- 시계 l'orologio-gli orologi
- 의자 la sedia-le sedie
- 오렌지 l'arancia-le arance.

부정관사

un + m. 자음-/모음-	dei(자음)/degli(모음)
uno + m. s자음-, x-, z-, ps-, gn-	degli
una (un') + f.	delle

un libro-dei libri; uno specchio-degli specchi, uno zaino-degli zaini, un orologio-degli orologi; una sedia-delle sedie, un'arancia-delle arance

전치사 관사

	a	da	su	di	in
il	al	dal	sul	del	nel
lo	allo	dallo	sullo	dello	nello
la	alla	dalla	sulla	della	nella
l'	all'	dall'	sull'	dell'	nell'
i	ai	dai	sui	dei	nei
gli	agli	dagli	sugli	degli	negli
le	alle	dalle	sulle	delle	nelle

지시대명사

이		저		그	
questo	questi	quel / quello	quei /quegli	codesto	codesti
questa	queste	quella	quelle	codesta	codeste

* 서술적 용법의 quello :
Quel libro è interessante. – Il libro interessante è **quello**.
Quei libri sono interessanti. – I libri interessanti sono **quelli**.
** 모음으로 시작하는 단수 명사 앞에서는 남성/여성 모두 **quell'** 로 축약된다.

의문사

che / che cosa / cosa	무엇	dove	어디에
quale	어느 것	dove	얼만큼
come	어떻게	quando	언제
chi	누가		

Le quattro stagioni 사계절

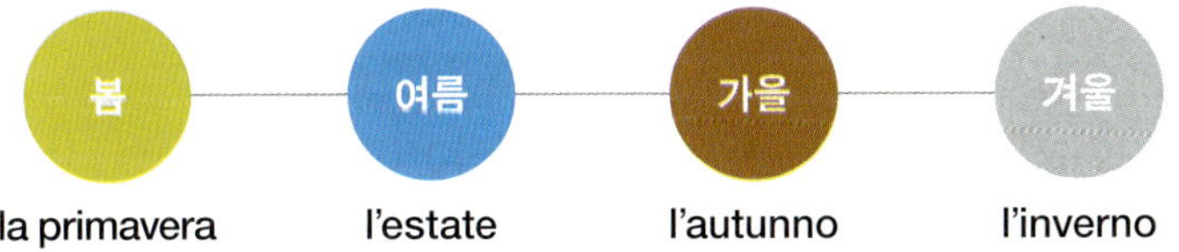

Lezione 04

Una conversazione con un amico straniero

외국인 친구와의 대화

Andrea : Ciao, piacere! Di dove sei?
안드레아 : 안녕, 반갑다! 어느 나라에서 왔니?

Jiyoung : Ciao! Sono coreano. E tu?
지영 : 안녕! 한국에서 왔어. 넌?

Andrea : Io sono di Siena. Che cosa studi qui?
안드레아 : 난 시에나 출신이야. 여기서 무슨 공부하니?

Jiyoung : Studio italiano. Mi piace studiare le lingue straniere.
지영 : 이탈리아어를 공부해. 외국어 배우는 걸 좋아하거든.

Andrea : Che corso fai?
안드레아 : 어느 과정에 있니?

Jiyoung : Faccio un corso intensivo. Ma non parlo ancora tanto bene.
지영 : 집중반에 다녀. 하지만 아직 말을 잘 하지는 못해.

Andrea : Invece parli bene, e capisci quello che dico.
안드레아 : 아니야, 잘 하는데. 내 말도 이해하고.

Jiyoung : Ma devo ancora praticare molto per parlare in modo fluente. Tu che cosa studi?
지영 : 하지만 유창하게 말하려면 아직 더 많이 연습해야 돼. 너는 무엇을 공부하니?

- **Andrea :** Studio la cultura orientale, mi interessa soprattutto la cultura gastronomica.
Qual è il vostro piatto principale?
안드레아 : 나는 동양문화를 공부하는데 특히 음식문화에 관심이 있어.
너희 주식은 뭐니?

- **Jiyoung :** Riso e kimchi. E voi, cosa mangiate più spesso?
지영 : 밥과 김치. 너희는 무엇을 많이 먹니?

- **Andrea :** Noi mangiamo pasta, carne, verdure.
안드레아 : 우리는 파스타, 고기, 야채를 먹지.

- **Jiyoung :** Ecco, arriva il mio professore.
Sono felice di conoscerti. Ci vediamo. Ciao!
지영 : 저기 우리 교수님 오신다. 너와 알게 돼서 기뻐. 또 만나자. 안녕!

- **Andrea :** Ciao, a presto!
안드레아 : 안녕, 또 보자!

구문 해설 및 문법 설명

1 **straniero**, strano, estraneo : 세 단어는 모두 "다른, 외부의"라는 어원 (lat. extraneum)을 공유하고 있지만 현대 이탈리아어에서 straniero는 "외국의, 외국인", strano는 "이상한, 기이한", estraneo는 "이질적인, 낯선"이라는 서로 구별되는 의미를 갖고 있다. 한편, 프랑스 소설가 알베르 카뮈(Albert Camus 1913-1960)의 대표작 『이방인』은 이탈리아어로 Lo straniero라고 번역되었고, 문학비평용어인 "낯설게하기"는 straniamento라고 한다.

2 **Andrea** : 이탈리아에서 얼마 안되는 "–a"로 끝나는 남자 이름 중 하나인데, Luca와 더불어 매우 흔한 편이다. 그 외에는 Mattia, Nicola, Elia, Enea, Tobia 정도인데 대개 신화나 종교적 인물에서 유래한다. Mattia Pascal 이라는 피란델로의 소설 주인공이 있고, Elia는 구약성경에 나오는 예언자이다. Enea는 트로이의 영웅 아이네아스의 이탈리아식 표기이고, Siena 출신 르네상스 교황 피오 2세 (Enea Silvio Piccolomini 1405-1464)의 속세명이다.

3 **Mi piace** studiare : 이탈리아어로 "나는 ~(하는 것)을 좋아한다", "~(하는 것)이 좋다"고 할 때, (Mi piace + 좋아하는 것/일) 문형을 사용한다. 여기서 Mi는 'a me', 즉 "나에게"라는 간접목적격 인칭대명사이고, piace는 동사 piacere(마음에 든다, 좋은 느낌을 준다)의 3인칭 단수 현재형이다. 즉, 좋아하는 사람(주체)은 간접목적격이고 좋아

하는 것 또는 일(여기서는 studiare)이 주어가 된다. 따라서 좋아하는 주체는 인칭에 맞게 간접목적격으로 바꾸고, 동사 piacere는 주어에 맞게 활용하면 된다. 주어, 즉 좋아하는 대상은 3인칭 단수나 복수인 경우가 대부분이므로 piace 또는 piacciono가 주로 많이 쓰인다. studiare같은 동사원형 역시 "~하는 것/~하기"라는 뜻의 명사적 용법으로 쓰이므로 3인칭 단수 취급한다.

간접목적대명사 (i pronomi indiretti)와 동사 piacere 직설법 현재 활용형

주격	간접목적격	강조형	piacere
io	mi	a me	piaccio
tu	ti	a te	piaci
lui/lei/Lei	gli/le/Le	a lui/a lei/a Lei	piace
noi	ci	a noi	piacciamo
voi	vi	a voi	piacete
loro	gli(동사 뒤에서는 loro)	a loro	piacciono

- Ci piace molto la pasta.
  우리는 파스타를 아주 좋아한다.
- Le piacciono le sculture di Michelangelo.
  그녀는 미켈란젤로의 조각 작품들을 좋아한다.
- Gli piace ballare. 그는 춤추는 것을 좋아한다.

인칭대명사가 아닌 실제 이름이나 신분, 타이틀 등으로 말할 때에는 전치사 'a' 또는, 문법상 요구되는 경우 'a+정관사'의 전치사관사 형태로 동사 앞에 둔다.

- A Jiyoung piace studiare italiano.
  지영이는 이탈리아어 공부하는 것을 좋아한다.
- Ai pittori italiani non piacciono molto i colori scuri.
  그 이탈리아 화가는 어두운 색을 그다지 좋아하지 않습니다.
- A Luca piace cucinare?
  루카는 요리하는 것을 좋아하나요?

4 **capisci quello che dico** : 여기서 che는 이탈리아어에서 가장 많이 쓰이는 관계대명사로, 바로 앞의 quello(그것)를 선행사로 하고 뒤에 오는 dico(동사 dire)의 목적어가 되는 목적격 관계대명사로 쓰였다. 그리고 quello che dico (내가 말하는 것) 전체는 capisci (동사 capire)의 목적어가 된다.

5 이 본문에 나오는 중요한 동사들의 직설법 현재형을 다시 한번 익혀 두자.

fare	capire	dire
faccio	capisco	dico
fai	capisci	dici
fa	capisce	dice
facciamo	capiamo	diciamo
fate	capite	dite
fanno	capiscono	dicono
fare	**capire**	**dire**
devo	voglio	posso
devi	vuoi	puoi
deve	vuole	può
dobbiamo	vogliamo	possiamo
dovete	volete	potete
devono	vogliono	possono

이들 가운데 capire (이해하다)는 규칙동사로 3군동사 (-ire 어미) 중 제 2 변화형에 속한다. 1, 2, 3인칭 단수와 3인칭 복수형에서 '-isc-' 음절이 나타나는 것이 특징인데, 이와 같은 활용을 하는 동사들은 대표적으로 finire (끝나다, 끝내다), preferire (더 좋아하다, ~쪽을 택하다), fornire (제공하다, 공급하다), pulire (청소하다, 깨끗하게 하다), obbedire (복종하다, 굴복하다)가 있다.
dovere, volere, potere는 문법상 보조동사 (verbi servili)로 불리고 주로 동사원형과 함께 쓰여 각각 "~해야한다", "~하기를 바란다", "~할 수 있다"라는 뜻을 나타낸다. 단독으로 쓰면 "의무를 지다", "바라다", "가능하다"의 뜻을 갖는다. 그리고 종종 명사로도 쓰여 "의무", "의지/바램", "능력/권력"의 뜻으로 사용된다.

Es.
- I diritti e i doveri del cittadino
  시민의 권리와 의무
- Rispettiamo il volere dell'autore.
  우리는 저자의 뜻을 존중합니다.
- Lui ha il potere di decidere come vuole.
  그는 그가 원하는 대로 결정할 권한을 갖고 있다.

6 **mi interessa** : 이 표현도 앞서 살펴본 mi piace 구문과 같은 맥락으로 설명된다. 여기 mi 역시 간접목적격이고, interessa는 동사 interessare (관심을 불러 일으키다)의 3인칭 단수 현재형이다. 우리말에서는 어떤 사안이나 분야 등에 관심을 갖는 주체가 주어가 되지만 이 이탈리아 표현에서는 관심을 끄는 대상이 주어가 되는 것이다. 같은 의미를 가진 유사한 구문으로 "essere interessato a qualcosa"와 "interessarsi di qlco."가 있다. 전자에서는 interessare가 과거분사형태로 interessato 형용사로 쓰였고 후자에서는 같은 동사가 재귀적 용법으로 쓰였다. 즉 이

두 구문에서는 관심의 주체와 대상이 우리말과 같은 문장 구성 성분을 담당하고 있다.

Es.

- Il signor Rossi è interessato a comprare il quadro.
  Rossi씨는 그 그림을 사는 데에 관심이 있다.
- Lui si è interessato a lungo della pittura orientale.
  그는 오랫동안 동양화에 관심을 가졌었다.

7 **Qual è** : quale는 선택의 의문사다. 이미 주어진 것들 가운데 어느 것인지를 묻는다. 기본 단수형은 quale, 복수형은 quali로 모두 남/여 동형이다. 본문에 쓰인 qual은 quale의 축약형이 아니고 탈락형이므로 글로 쓸 때 어포스트로피(apostrofo)를 넣지 않도록 주의한다.

8 **spesso** : 이 단어는 사실 "많이"가 아니라 "자주, 종종" 이라는 뜻의 빈도부사이다. 자주 쓰이는 빈도부사에는 spesso, sempre (항상), qualche volta (때때로), non 동사 mai (전혀 ~하지 않다)가 있다.

- Ascolto sempre la radio.
  나는 항상 라디오를 듣는다.
- Noi mangiamo spesso fuori.
  우리는 자주 외식을 합니다.
- Jiyoung arriva tardi a lezione qualche volta.
  지영은 가끔 수업에 늦는다.
- Non prendete mai il taxi?
  여러분은 택시를 전혀 안 타십니까?

숫자(기수) – i numeri cardinali

1	uno	60	sessanta
2	due	70	settanta
3	tre	80	ottanta
4	quattro	90	novanta
5	cinque	100	cento
6	sei	200	duecento
7	sette	300	trecento
8	otto	400	quattrocento
9	nove	500	cinquecento
10	dieci	600	seicento
11	undici	700	settecento
12	dodici	800	ottocento
13	tredici	900	novecento
14	quattordici	1.000	mille
15	quindici	2.000	duemila
16	sedici	3.000	tremila
17	diciassette	4.000	quattromila
18	diciotto	5.000	cinquemila
19	diciannove	10.000	diecimila
20	venti	100.000	centomila
30	trenta	1.000.000	un milione
40	quaranta	2.000.000	due milioni
50	cinquanta	3.000.000	tre milioni

* N.B. 이탈리아에서는 숫자를 쓸 때 천 단위를 마침표로 표시하고 소수점 자리에 쉼표를 쓴다.

사방 – i quattro punti cardinali

* N.B. 우리에게는 동서남북 순으로 부르는 것이 익숙한데 이탈리아에서는 보통 거꾸로 nord sud ovest est라고 통칭한다.

Lezione 05

Parlare dei mezzi di trasporto

교통수단에 대하여 말하기

- Simone : Hyojin, dove abiti?
  시모네 : 효진아, 어디 사니?
- Hyojin : Abito vicino all'università con due amiche. E tu?
  효진 : 학교 근처에서 살아, 친구 둘이랑. 너는?
- Simone : Io vivo con la mia famiglia alla Romanina. Conosci la zona?
  시모네 : 나는 우리 가족하고 로마니나에 살아. 어딘지 알아?
- Hyojin : No, non so dov'è. È da poco che vivo a Roma.
  효진 : 아니, 모르겠는데. 로마에 살게 된지 얼마 안돼서.
- Simone : È abbastanza lontana dal centro. Ci vuole quasi un'ora con l'autobus.
  시모네 : 시내에서 꽤 멀어. 버스로 한 시간 정도 걸린다.
- Hyojin : Non c'è una fermata della metropolitana da quelle parti?
  효진 : 그 쪽엔 지하철역 없어?
- Simone : No, c'è solo l'autobus.
  시모네 : 없어. 버스만 다녀.
- Hyojin : Perché non compri una macchina?
  효진 : 차를 한 대 장만하지 그래?

Simone : I miei non mi permettono di guidare perché è pericoloso.

시모네 : 우리 부모님은 내가 운전하는 걸 허락하지 않으셔. 위험하다고.

Hyojin : Come tutti i genitori. Io voglio un motorino, ma mio padre è contrario.

효진 : 모든 부모님들이 다 그러시지. 나는 오토바이를 타고 싶은데 아버지가 반대하셔.

Simone : Come vieni all'università?

시모네 : 너는 학교에 어떻게 와?

Hyojin : A piedi. Ci metto circa quindici minuti. Ma ogni tanto vengo anche in bicicletta. Così faccio presto.

효진 : 걸어서. 15분쯤 걸려. 근데 가끔 자전거를 타고 오기도 해. 그러면 빨리오지.

Simone : Non ti disturbano le macchine per strada?

시모네 : 길에 차들이 방해되지 않니?

Hyojin : Mmm... non tanto, perché passo attraverso un grande parco. È molto bello e gradevole.

효진 : 뭐, 별로. 큰 공원을 가로질러 오거든. 아주 좋아, 쾌적하고.

Simone : Come sei fortunata!

시모네 : 참 다행이구나!

구문 해설 및 문법 설명

1 **abiti** : 동사 abitare (거주하다)는 규칙 1군(-are 어미) 동사인데 현재(직설법) 시제에서 각 활용형의 강세 위치에 특히 유의할 필요가 있다.

io	àbito	noi	abitiàmo
tu	àbiti	voi	abitàte
lui/lei/Lei	àbita	loro	àbitano

위와 같이 복수 1, 2인칭을 제외하면 나머지는 모두 동사의 어근 (radice)에 강세를 두고 있다. 참고로 이들을 어근강세형 (forma rizotonica) 이라고 부른다.
1, 2, 3인칭 단수형은 각각 끝에서 세 번째 음절에 강세가 있고 (sdrucciolo), 복수 1, 2인칭은 끝에서 두 번째 음절(piano), 3인칭 복수형은 끝에서 네 번째 음절에 강세가 있다 (bisdrucciolo). 참고로 città 처럼 맨 마지막 음절에 강세가 있는 (tronco) 단어는 철자의 일부인 경우가 대부분이므로 반드시 표기하도록 한다 (p.e.: qualità, caffè, perché, lunedì, casinò, virtù).
한편, abitare는 "어떤 장소에 머물러 생활한다"는 뜻으로 공간 중심의 개념이고, vivere는 공간 뿐만 아니라 삶의 모든 정신적, 신체적 경험을 포괄하는 넓은 개념의 "살다, 겪다"를 의미한다.

2 **vicino all'università** : 여기서 vicino는 전치사 "a"와 함께 전치사구를 이끈다. 장소명사가 정관사를 필요로 하여 본

문에서 "a"는 "all'(a)"로 전치사 관사가 되었다. 이와 같은 용법의 부사격 전치사 혹은 전치사격 부사 등을 통칭하여 "비본질적 전치사" (preposizioni improprie)로 분류하는데 그 종류는 다음과 같다.

2-1. L'uomo va verso il fiume.
남자는 강(江)을 향해서 간다. (방향, 공간)

2-1-1. Luisa parte verso sera.
루이자는 저녁 무렵 출발한다. (때, 시간)

2-2. Antonio lavora fino all'una.
안토니오는 한 시까지 일한다.

2-3. Il libro è sopra il tavolo.
책은 탁자 위에 있다.

2-4. Il gatto è sotto la sedia.
고양이는 의자 아래에 있다.

2-5. La casa è dentro il parco.
집은 공원 안에 있다.

2-6. Carlo abita fuori Firenze.
카를로는 피렌체 밖에 산다.

2-7. La macchina va contro l'albero.
자동차가 나무에 맞서 간다.

2-8. Pietro va oltre il fiume.
피에트로는 강 너머로 간다.

2-9. Il museo è vicino al mercato.
박물관은 시장 근처에 있다.

2-10. Laura abita in periferia, lontano dal centro.
라우라는 시내에서 멀리 교외에 살고 있다.

2-11. Torno prima dell'arrivo di Marco.
나는 마르코 도착 전에 돌아온다.

2-12. Dopo il ponte c'è la chiesa.
다리 다음에 교회가 있다.

2-13. Cammino lungo il fiume.
나는 강을 따라 걷는다.

2-14. Intorno alla casa di Mario c'è un grande giardino.
마리오 집 주변에 큰 정원이 있다.

2-15. Per andare alla stazione dobbiamo girare prima a sinistra e poi a destra.
기차역에 가기 위해서 우리는 우선 왼쪽으로 (돌고) 그 다음에 오른쪽으로 돌아야 한다.

2-16. Il ragazzo che siede accanto a Guido è tedesco.
구이도 옆에 앉는 청년은 독일인이다.

2-17. Esco insieme a mia sorella.
내 여동생과 함께 외출한다.

2-18. Davanti alla scuola c'è un cinema.
학교 앞에 극장이 하나 있다.

2-19. Dietro alla villa c'è un orto.
저택 뒤에 채소밭이 있다.

3 **Conosci la zona & non so dov'è** : 동사 conoscere와 sapere는 둘 다 "알다"라는 뜻이다. 그런데 Sai la zona? 라고 말하지는 않는다. 마찬가지로 non conosco dov'è 라고도 하지 않는다. 그 지역을 안다는 것은 체험이고 포괄적이다. 그 지역이 어디인지 안다는 것은 정보 혹은 지식이고

구체적이다. 다시 정리하면, 사람이나 사안 및 사물에 대해서 경험으로 알 때 conoscere를 쓰고, 그에 관련된 지식이나 기술적인 능력을 갖고 있다면 sapere를 쓴다. 문장 구조면에서도 차이점이 나타난다. 목적어로 절이 오면 sapere를 쓰고 단어나 어구가 오면 대개 conoscere를 쓴다. 그럼에도 conoscere의 영역과 sapere의 영역은 주관과 객관 혹은 이론과 실제로 완전히 구분되는 것이 아니기 때문에, 앎의 종류나 인식의 방법뿐만 아니라 문장 구성도 고려하여 용법을 터득할 필요가 있다.

Es.

- Luca sa cucinare. (능력, 기술 – sapere)
  루카는 요리할 줄 안다.
- Conosco molti italiani che vivono a Seoul. (경험, 사람, 목적어 – conoscere)
  나는 서울에 사는 이탈리아 사람들을 많이 알고 있다.
- So chi è Matteo Renzi. (정보, 사람, 목적절 – sapere)
  나는 마테오 렌치가 누구인지 안다.
- Conosciamo un buon ristorante italiano a New York. (장소, 경험 – conoscere)
  우리는 뉴욕의 좋은 이탈리아 레스토랑을 알고 있습니다.
- Sapete quante regioni ci sono in Italia? (구체적 정보, 목적절 – sapere)
  이탈리아에 몇 개의 주가 있는지 여러분 아십니까?
- Conosci bene l'inglese! (경험, 목적어 – conoscere)
  너 영어(라는 언어)를 잘 아는 구나!
- Sai parlare bene l'inglese! (능력, 기술 – sapere)
  너 영어 참 잘하는 구나!

4 **È da poco che vivo a Roma** : da poco 다음에 tempo (시간)가 암시되어 있다. 직역하면 "얼마 안되는 시간 전부터 로마에 살고 있다"가 되는데 우리말로 "로마에

산 지 얼마 안됐다"가 자연스럽다. 경과 시간을 말하고자 하는 구문으로 시제는 항상 화자의 현재에 맞춘다. 이 점에서 현재완료를 쓰는 영어와 다르다.

5 **Ci vuole un'ora** : ci vuole는 "시간이나 비용이 얼만큼 걸린다/든다"를 뜻하는 {부분사 ci + 동사 volere} 관용어구다. 사전에 나오는 기본형은 ci가 동사원형 바로 뒤에 후접된 volerci로서, 활용시에는 ci를 동사 앞으로 보내고 volere를 시제와 인칭에 맞게 활용한다. 본문 후반부에 나오는 Ci metto와 같은 뜻이나 단, volerci는 객관적 소요 시간/비용을 말하고, metterci는 어떤 일을 하는데 주어가 들이는 시간이나 비용을 말하고자 할 때 쓰인다. 따라서 주로 3인칭으로 쓰이는 volerci보다 인칭 변화가 더 다양하다.

6 **con l'autobus** : 본문에 등장하는 교통수단은 A piedi를 포함하여 l'autobus, la metropolitana, la macchina, il motorino, la bicicletta까지 모두 여섯 가지이다. A piedi는 "(두 발로) 걸어서"이고, in piedi는 "(두 발로) 서 있는/서서"라는 뜻이므로 혼동하지 않도록 한다. la metropolitana는 줄여서 la metro라고도 부른다. Il metró라고 강세를 붙인 표기는 프랑스어 발음을 따른 것인데, 프랑스어에서는 사실 métro라 쓰고 남성 취급한다. la metro가 이탈리아어 la metropolitana의 올바른 축약어이다. la macchina는 본래 기계라는 뜻인데 보통 일상에서는 자동차/승용차로 통한다. l'automobile (또는 줄여서 l'auto)가 구체적으로 자동차에 더 가까운 유의어이다. il motorino는 il motore (모터, 엔진)에 축소형 접미사 "-ino"가 결합된 단어로, 소형 오토바이를 가리킨다. 일반 오토바이는 la motocicletta 또는 간단히 la moto 라고 부

르며, la bicicletta 역시 la bici로 흔히 줄여서 말한다. 기타 대중교통수단 (i mezzi pubblici) 으로 il treno (기차), l'aereo (비행기, l'aeroplano의 줄임말), la navetta (셔틀버스), il traghetto (연락선, 페리) 등을 들 수 있다.
이러한 교통수단을 이용한다는 의미의 "~(으)로 가다"는 주로 왕래발착 동사와 방법/수단의 전치사 in/con+정관사 구문을, "~을/를 탄다"고 할 때는 동사 prendere를 많이 쓴다.

· Vanno a Venezia con la nave.
그들은 배로 베네치아에 간다.

· Arriviamo con il treno delle 7.30.
우리는 일곱시 반 기차로 도착합니다.

· Parto in macchina. (= Parto con la macchina)
나는 차로 출발한다.

* Preferisco stare in piedi.
서 있는 것이 더 좋습니다.
Preferisco andare a piedi.
걸어서 갈래요.

소유형용사/대명사 – Gli aggettivi & i pronomi possessivi

나의	mio	mia	miei	mie
너의	tuo	tua	tuoi	tue
그/그녀/당신의	suo	sua	suoi	sue
우리의	nostro	nostra	nostri	nostre
너희/여러분의	vostro	vostra	vostri	vostre
그들의	loro	loro	loro	loro

a. 소유형용사는 항상 정관사와 함께 쓰인다. 단, 단수가족명사의 경우 생략된다.

Es. padre, madre, figlio, figlia, fratello, sorella, marito, moglie, zio, zia, nonno, nonna, nipote, cugino, cugina, suocero, suocera, cognato, cognata, nuora, genero, ecc.

b. 그러나 loro는 예외없이 항상 정관사를 동반한다.

c. 또한 이들 가족명사들이 복수형이거나 변형형 (forma alterata) 으로 쓰일 때, 또 형용사의 수식을 받을 때는 정관사를 동반한다.

Es. il mio fratellino, il tuo babbo, la nostra cuginetta, la mia sorella sposata, ecc.

d. 소유대명사는 소유형용사 앞에 정관사를 두어 만든다. 그런데 essere 와 함께 쓰일 경우 정관사는 생략되기도 한다.

Es.
- Carlo, è tuo questo libro?
  카를로 이거 네 책이니?
- Sì, è (il) mio. Grazie!
  그래, 내거야. 고마워.

e. 관용어구 (명사 뒤, 무관사)

Es.

- a casa mia 나의 집에
- per conto mio 나대로/내 의견으로는
- è colpa mia 내 탓이다.
- a modo mio 내 방식대로

Lezione 06

Conoscere un nuovo amico

새 친구 사귀기

- Jiyoung : Ciao, Andrea!
  지영 : 안녕, 안드레아!
- Andrea : Ciao, Jiyoung! Come stai?
  안드레아 : 안녕, 지영아! 잘 지내?
- Jiyoung : Sto bene, grazie. Andrea, questa è la mia amica Yujin. Yujin, questo è Andrea.
  지영 : 잘 지내, 고맙다! 안드레아, 얘는 내 친구 유진이야. 유진아, 이 쪽은 안드레아.
- Andrea : Ciao, piacere! Come va?
  안드레아 : 안녕, 반갑다! 지내기가 어때?
- Yujin : Ciao, bene, piacere di conoscerti!
  유진 : 안녕, 좋아, 만나서 반갑다!
- Jiyoung : Yujin è una mia vicina di casa. Abitiamo nella stessa casa dello studente.
  지영 : 유진이는 내 이웃이야. 우린 같은 기숙사에 살거든.
- Andrea : Che cosa fai, Yujin?
  안드레아 : 유진아, 너는 무슨 공부 하니?
- Yujin : Studio geografia. Sono al secondo anno.
  유진 : 지리학. 2학년이야.
- Andrea : O che fortuna! Ho bisogno di informazioni sui paesi asiatici. Mi puoi dare una mano?

안드레아 : 이런 행운이! 나는 아시아 국가들에 대한 정보가 필요한데. 좀 도와 줄 수 있겠니?

- Yujin : Devi dare un esame?

유진 : 시험 봐야 되니?

- Andrea : No, ma la prossima settimana devo fare una presentazione in classe proprio sulla geografia dell'Estremo Oriente.

안드레아 : 그건 아닌데, 다음 주 수업 시간에 바로 극동 지리에 대한 발표를 해야 되거든.

- Yujin : Sono libera domani. Ti do il mio numero: 347 18602509. Chiamami.
Ti posso prestare alcuni libri e qualche foto.
Credo che ti saranno utili.

유진 : 나는 내일 시간이 있어. 내 연락처 줄께, 347 18602509. 전화해. 책하고 사진 몇 장 빌려 줄 수 있겠다. 아마 네게 쓸모가 있을거야.

- Andrea : Ti ringrazio!

안드레아 : 고맙다!

- Yujin : Di niente. Allora a domani.

유진 : 뭘, 아니야. 그럼 내일 보자.

- Andrea: D'accordo. Ciao!

안드레아 : 좋아. 안녕!

구문 해설 및 문법 설명

1 **questa è (la) mia amica Yujin** : 모르는 사람을 소개할 때 쓰는 전형적인 문형이다. 지시대명사 questo는 물론 소개되는 사람의 성·수에 따라 questo/a/i/e로 어미변화시킨다. "소개하다"는 뜻으로 동사 presentare가 있다.

Es.
- Papà, mamma, questo è il mio ragazzo Francesco.
  아빠, 엄마, 제 남자친구 프란체스코예요.
- Francesco, ti presento i miei.
  프란체스코, 우리 부모님을 소개할께.

2 **piacere di conoscerti** : 여기서 conoscere 바로 뒤에 후접된 ti는 "너를"이라는 직접목적대명사 (i pronomi diretti)이다. 이렇게 동사원형과는 후접 형태로 쓰고 활용된 동사와 쓸 때는 동사 앞에 위치한다. 본문 하단의 "Chiamami"와 "Ti ringrazio!" 에도 직접목적대명사가 쓰였다.

주격	직접목적격	강조형
io	mi	me
tu	ti	te
lui/lei/Lei	lo/la/La	lui/lei/Lei
noi	ci	noi
voi	vi	voi
loro	li/le	loro

a. 3인칭 단수/복수 (lo, la, li, le) 는 사물도 대신한다.

Es.
· Carlo compra il libro → Carlo lo compra.
Luigi non legge i giornali.
→ Luigi non li legge.

· Carlo non mangia la mela.
→ Carlo non la mangia.
Luigi capisce le parole. → Luigi le capisce.

b. 강조형 (forma tonica) 은 동사 뒤에 위치한다. 사물의 경우에 강조형은 지시대명사를 쓴다. 전치사의 목적어일 때도 강조형을 쓴다.

Es.
· Laura chiama te, non me.

· Dobbiamo parlare di Kevin, parliamo di lui.

c. 명사구나 절 전체를 대신할 경우 3인칭 단수 "lo"를 쓴다.

Es.
· Sai dove abita Simone?
Sì, lo so. Abita a Roma.

· Lo sai che domani è il compleanno di Andrea?

3 **Che cosa fai?** : 이 질문은 지금 무엇을 하고 있는지를 묻기도 하고 Che cosa fai nella vita?, 즉 학업이나 직업, 종사하는 분야 등을 물을 때에도 쓴다. 이에 대답할 때 질문에 쓰인 동사 fare 외에도 다양한 구문을 말할 수 있는데, 주로 다음과 같다.

3-1. Faccio lingue.
언어분야를 한다. (주로 학문 분야, 무관사)

3-1-1. Faccio l'avvocato.
변호사(일) 한다. (직업명, 정관사)

3-2. Sono (un')infermiera.

나는 간호사다. (직업명, 부정관사 또는 무관사)

3-3. Lavoro come fotografo.

나는 사진가로 일한다. (직업명, 무관사)

3.4. Mi occupo di logistica.

나는 물류업에 종사한다.

3.5. Studio moda.

나는 패션을 공부한다. (분야, 정관사)

4 **Che fortuna!** : 가장 간단한 감탄문의 형태이다. 제5과에서는 "Come sei fortunata!" 문형이 나왔었다. 여기 Come 자리에 Quanto를 쓰기도 한다. Che 다음에는 물론 명사 뿐만 아니라 형용사도 흔히 쓴다. "Che bella cosa, una giornata di sole!" (태양이 빛나는 날은 얼마나 아름다운가)는 유명한 이탈리아 가곡 *O sole mio* (오 나의 태양)의 첫 소절이다. "Quant'è bella giovinezza, / che si fugge tuttavia! / Chi vuol essere lieto, sia: / di doman non c'è certezza" (젊음은 얼마나 아름다운가 / 그러나 덧없는 것 / 즐겁고자 하는 자, 즐겨라 / 내일의 확신은 없으니). 이것은 메디치 가문의 위대한 군주 Lorenzo il Magnifico 가 지은 유명한 후렴구이다.

5 **dare una mano**는 직역하면 "손을 하나 주다"이지만 관용어구로서 "도움을 주다", 즉 aiutare와 같은 말이다. 따라서 "도움을 요청하다"는chiedere aiuto 또는 chiedere una mano 라고 하면 되는데, 단 반드시 부정관사를 쓰도록 한다. chiedere la mano는 "청혼하다"라는 뜻이며, 마찬가지로 dare la mano는 그 청혼 등에 "동의하다, 받아들이다" 라는 뜻이다. 참고로, 위급한 상황에 처해 도움이 필요할 때 Aiuto! (도와주세요)라고 외치도록 한다.

6 **prossimo**는 본문에서처럼 "다음의" 또는 "바로 옆의" 라는 뜻의 형용사이다. "Ama il prossimo tuo come te stesso" (네 이웃을 네 자신처럼 사랑하라) 라는 널리 알려진 성경 구절에서도 "바로 옆 사람, 이웃"이라는 뜻이다. 그런데 가끔 우리가 "이번"이라고 하는 경우를 이탈리아에서는 prossima라고 할 때가 있다. 가령, 버스를 타고 가는 중에 "이번에 내리자"를 이탈리아어로는 Scendiamo alla prossima (fermata) 라고 한다. 또 전차 (tram) 나 지하철의 안내방송에서도 "이번 정차역"은 prossima fermata 이다. 즉, 이 때의 prossimo는 "다음" 보다는 "(가까이) 다가오는, 곧 임박하는"이라는 뜻임을 이해할 수 있다.

7 **347 18602509** : 전화번호를 불러줄 때 숫자를 하나하나 읽을 수도 있지만, 18602509처럼 연속된 숫자열은 두 자리씩 읽는 경우가 더 많다. 즉, tre quattro sette, diciotto sessanta venticinque zero nove. 이탈리아어는 발음이 쉬운 대신 원어민이 말하는 속도가 굉장히 빠르다. 숫자도 점점 속도를 붙여 읽는 연습을 하여 이탈리아 사람들처럼 정확하고 빠르게 발음할 수 있도록 한다.

8 **qualche foto** : la foto는 la fotografia의 줄임말로 여성명사이고 단수 복수 형태가 같다. 여기서는 qualche (몇몇)이 항상 단수명사를 취하므로 단수로 쓰였다. "몇몇"을 복수로 표현할 수도 있다. 바로 앞의 alcuni libri 처럼 alcuno/a/i/e를 써서 alcune foto라고 하면 된다.
5과에서 la bici는 la bicicletta, la moto는 la motocicletta, l'auto는 l'automobile의 줄임말임을 보았다. 그 밖에도 la radio ← la radiofonia, il cinema ← il cinematografo 등이 있다. 이들 역시 단수 복수 형태가 같다.

9 **Ti ringrazio** : ringrazio의 동사원형은 ringraziare이다. 우리말로 "~에게 감사하다 / 고마워하다"라는 뜻이다. 그런데 이 문장의 Ti는 직접목적어이다. 다시 말해서 ringraziare는 우리말에서는 간접목적어를 필요로 하는 의미의 동사인데 이탈리아어에서는 직접목적어를 써야 한다. 자주 사용되는 salutare (인사하다, 안부를 전하다)와 pregare (기도하다, 간청하다) 역시 같은 경우다.

Es.
- Vorrei ringraziare i nostri volontari.
  우리 자원봉사자들에게 감사드리고 싶습니다.
- Signora, La saluto, tornerò domani.
  부인, (당신께) 인사드립니다, 내일 다시 오겠습니다.
- Prego tutti voi di accettare la proposta.
  여러분 모두에게 제안을 받아들일 것을 부탁드립니다.

위 예문에서 "i nostri volontari", "La", "tutti voi"는 모두 직접목적어이다.

I dodici mesi dell'anno 일년 열 두 달

1월	gennaio	7월	luglio
2월	febbraio	8월	agosto
3월	marzo	9월	settembre
4월	aprile	10월	ottobre
5월	maggio	11월	novembre
6월	giugno	12월	dicembre

단순미래 – Il futuro semplice

Es.
· Luca guarda la TV. (현재)
→ Luca guarderà la TV. (미래)

· Prendo l'autobus. → Prenderò l'autobus.

· Esci presto. → Uscirai presto.

	I. arriv - are	II. prend - ere	III. part - ire	essere	avere
io	arriv - erò	prend - erò	part - irò	sarò	avrò
tu	arriv - erai	prend - erai	part - irai	sarai	avrai
lui/lei/Lei	arriv - erà	prend - erà	part - irà	sarà	avrà
noi	arriv - eremo	prend - eremo	part - iremo	saremo	avremo
voi	arriv - erete	prend - erete	part - irete	sarete	avrete
loro	arriv - eranno	prend - eranno	part - iranno	saranno	avranno

cercare	pagare	cominciare	mangiare
cercherò	pagherò	comincerò	mangerò
cercherai	pagherai	comincerai	mangerai
cercherà	pagherà	comincerà	mangerà
cercheremo	pagheremo	cominceremo	mangeremo
cercherete	pagherete	comincerete	mangerete
cercheranno	pagheranno	cominceranno	mangeranno

andare	dovere	sapere	dare
andrò	dovrò	saprò	darò
andrai	dovrai	saprai	darai
andrà	dovrà	saprà	darà
andremo	dovremo	sapremo	daremo
andrete	dovrete	saprete	darete
andranno	dovranno	sapranno	daranno

fare	stare	tenere	venire
farò	starò	terrò	verrò
farai	starai	terrai	verrai
farà	starà	terrà	verrà
faremo	staremo	terremo	verremo
farete	starete	terrete	verrete
faranno	staranno	terranno	verranno

* cadere, potere, vedere, bere, rimanere, volere, studiare, spiegare 등도 활용해 보시오.

Memo

Lezione 07

Invitare un amico

친구 초대하기

Jaemin : Lisa, senti, sei libera oggi?
재민 : 리사, 저기, 오늘 시간 있어?

Lisa : No, ho molto da fare nel pomeriggio.
리사 : 아니, 나 오후에 할 일이 많아.

Jaemin : E la sera che cosa fai?
Ti vorrei offrire una birra.
재민 : 그럼 저녁에는 뭐해? 맥주 한 잔 살까 해서.

Lisa : Grazie, ma devo vedere Elena per parlare della visita alla Galleria degli Uffizi questo fine settimana.
Stiamo preparando insieme una relazione sull'arte del Cinquecento.
리사 : 고맙지만 엘레나 만나서 이번 주말 우피치 박물관 관람에 대해서 얘기해야 돼. 같이 16세기 예술에 대한 리포트를 준비 중이거든.

Jaemin : Possiamo vederci più tardi, dopo il tuo incontro con Elena?
재민 : 그럼 더 늦게 볼 수 있을까, 너 엘레나 만나고 나서?

Lisa : Sì, va bene. Però non ho molto tempo, posso stare con te solo un'ora.
리사 : 그래, 괜찮아. 근데 시간이 별로 없어. 너랑 한 시간 있을 수 있겠다.

Jaemin : Come mai? Hai un impegno anche dopo?
재민 : 왜? 나중에도 무슨 약속이 있니?

Lisa : No, ma avrò molte cose da discutere con Elena e poi alle 10 devo essere a casa perché stasera tornano i miei genitori da un viaggio.
리사 : 그건 아닌데, 엘레나랑 의논해야 할 것이 많을 거야. 그리고 10시에는 집에 있어야 돼. 부모님이 오늘 저녁에 여행에서 돌아오시거든.

Jaemin : Allora che ne dici se ci vediamo verso le 8 all'Antico Beccaria?
Lì possiamo cenare e prenderci una birra o un caffè.
재민 : 그럼 8시쯤 안티코 베카리아에서 어때? 거기서 저녁 먹고 맥주나 커피 하자.

Lisa : Va bene, d'accordo. Ci vediamo alle 8.
리사 : 좋아, 그러자. 8시에 봐.

Jaemin : A dopo, Lisa, ti aspetto!
재민 : 이따가 보자, 리사, 기다릴께!

구문 해설 및 문법 설명

1 **senti** : 3군동사 sentire (듣다, 느끼다)의 2인칭 단수(tu)형인데 직설법 현재가 아니라 명령법 (imperativo)이다. 즉, "들어라, 느껴봐"라는 뜻인데, 여기서는 본래의 뜻보다는 주의를 집중시키려는 의도의 "저기", "있잖아"에 더 가까운 표현이다.

2 **sei libera oggi?** : 어떤 초대나 제안을 하고자 할 때, 그리고 그것을 수락이나 거절, 혹은 보류하고자 할 때, 많이 사용되는 몇 가지 기본 문형을 정리해보면 다음과 같다.

A. 초대할 때 :

2-1. Vorrei offrirvi una bella cena coreana.
여러분에게 멋진 한식 저녁식사를 대접하고 싶어요.

2-1-1. Vorrei invitarti alla mia festa di compleanno.
내 생일파티에 널 초대하고 싶어.

2-2. Perché non facciamo una pausa caffè?
우리 커피타임 하지 않을래?

2-3. Vuole venire a pranzare con noi, professore?
저희랑 점심먹으러 가실래요, 교수님?

2-4. Che ne dici di fare una gita a Volterra?
볼테라로 소풍 어때?

2-5. Ti va di fare una passeggiata?
산책 할래?

B. 수락할 때 :

2-6. Grazie, ci piace molto la cucina coreana!
고맙습니다! 저희 한식 아주 좋아해요.

2-7. Volentieri! Grazie per l'invito!
기꺼이! 초대 고마워.

2-8. Perché no? Solo un secondo.
좋지! 잠깐만.

2-9. D'accordo, ragazzi. Andiamo!
그러자, 얘들아. 가자!

2-10. Ma certo, è una buona idea!
물론이지, 좋은 생각이다!

2-11. Sì, con molto piacere!
그래 좋아!

C. 거절할 때 :

2-12. Grazie, ma purtroppo non possiamo venire, dobbiamo partire stasera.
고맙습니다만, 불행히도 갈 수 없어요. 저희는 오늘 저녁 떠나야합니다.

2-13. Ti ringrazio per l'invito, ma non posso, ho un forte raffreddore.
초대 고맙다, 하지만 안되겠어. 감기가 심하게 걸렸어.

2-14. La farei volentieri ma non adesso, devo finire questo lavoro prima.
그러고 싶은데 지금 말고, 먼저 이 일을 끝내야 해.

2-15. Mi dispiace, ragazzi. Ho una riunione fra dieci minuti.
얘들아, 안타깝지만 안되겠구나. 10분 후에 회의가 있다.

2-16. È una bella idea, ma ho già un impegno per questo fine settimana.
멋진 생각이다, 근데 이번 주말에는 이미 선약이 있어.

2-17. No, non mi va. C'è troppa gente.
아니, 내키지 않아. 사람이 너무 많은걸.

D. 보류할 때 :

2-18. Volentieri, ma devo chiedere anche a Riccardo. La chiamo fra un'ora.
좋죠! 그런데 리카르도한테도 물어봐야 돼요. 한 시간 후에 전화드릴께요.

2-19. Grazie per l'invito! Ma non sono sicura di venire, perché ho ancora un po' di febbre.
초대 고마워. 근데 갈 수 있을 지 확실하지 않아. 아직 열이 좀 있어.

2-20. Magari dopo?
나중에 할까?

2-20-1. Magari un'altra volta?
다음 번에 어떻겠니?

2-21. Forse sono libero questo fine settimana. Ti faccio sapere.
아마 주말에 별일 없을거야. 연락 줄께.

2-22. Devo decidere adesso?
지금 결정해야 되니?

3 **Ho molto da fare** : 여기서 전치사 da는 "~해야 하는 (것/일)"이라는 당위적 의미를 띠고 있다. 사실 da fare만으로도 "할일, 할 것"이라는 뜻이 되어 Ho da fare (할일이 있어)라고도 흔히 말한다. 따라서 molto는 명사로 볼 수도 있고

da fare를 수식하는 형용사로 볼 수도 있다. 전체를 직역하면 "해야 할 많은 것", 즉 "많은 할 일"이 된다. 리사의 네 번째 대사에 나오는 **molte cose da discutere** 역시 같은 맥락으로 이해할 수 있다.

4 **nel pomeriggio & la sera** : 때와 시간, 날(日), 달(月), 계절, 해(年) 앞에 "~에"의 뜻으로 대개 전치사 a와 in (그리고 이들의 전치사관사형)을 쓴다. 그러나 많은 경우에 전치사 없이 정관사만 동반하거나 단독으로 부사어로 쓰여 때를 나타내기도 한다. 본문의 **oggi** (오늘)나 **la sera** (저녁때), **questo fine settimana** (이번 주말), **stasera** (오늘 저녁)는 그 흔한 예다. nel pomeriggio 역시 정관사 (오늘 오후라는 의미)만 써서 il pomeriggio 라고 할 수 있는데, 여기서는 시간의 양과 범위에 촛점을 맞추었으므로 전치사 in과 결합되었다. 곧, durante il pomeriggio "오후 동안"과 같은 뜻이다. 그 밖의 몇 가지 예를 살펴보자.

Es.

- all'alba 새벽에
- l'anno scorso 작년에
- a/in/primavera 봄에
- a notte fonda 깊은 밤에
- nella mattinata 아침 중에
- nel 1492 1492년에
- a/in/aprile 4월에
- a tarda sera 저녁 늦게
- il 21 aprile 4월 21일에
- a Pasqua 부활절에
- il primo gennaio 1월 1일에
- a Natale 크리스마스에

5 **Ti vorrei offrire una birra** : 간접목적어 Ti (너에게)는 보조동사 volere뒤의 동사원형에 후접되기도 한다. 즉, Vorrei offrirti una birra라고도 할 수 있다. 마찬가지로 본문 중반의 **Possiamo vederci** 역시 ci를 동사 앞으로 보내 Ci possiamo vedere 라고도 한다. 여기서 ci는 상호적 용법(우리 서로를)의 재귀대명사이다. 재귀대명사는 주어와 인칭이 같은 것이 특징이다. 부정문이라면 이들 대명

사의 위치에 관계없이 전체 동사구의 맨 앞에 non을 두면 된다. Non ti vorrei offirire una birra 또는 Non vorrei offrirti una birra; Non ci possiamo vedere 또는 Non possiamo vederci.

한편, 본문 하단의 **Lì possiamo [···] prenderci**의 경우, 여기서 ci는 재귀대명사처럼 쓰였으나, 사실 인칭대명사의 특이한 용법에 속한다. 물론 주어와 같은 인칭이지만 목적어가 따로 있고 이것이 주어의 신체 등의 일부가 아니라는 점이 가장 큰 차이점이다. 문법적으로 pronome (대명사) affettivo (정의적情意的) 또는 etico (심성적心性的)로 분류되는 이 대명사는 주어와 동사를 감정적으로 더욱 결속시키는 역할을 한다. 일상 구어 및 대화체에서 흔히 쓰이는 표현으로 몇 가지 예를 보면 쉽게 이해하고 활용할 수 있을 것이다.

Es.
· Mi leggo tutto il giornale italiano durante il fine settimana.
나는 주말 동안에 그 이탈리아 신문을 다 읽겠다. (나 혼자서, 나 자신을 위해서)

· Voglio comprarmi una bella giacca primaverile.
나는 멋진 봄 자켓을 하나 장만하고 싶다. (나를 위해)

* Mi chiudi la porta? 문 좀 닫아줄래?

6 **vedere & incontrare** : "만나다"를 의미하는 데 있어서 vedere와 incontrare의 차이는 주로 "아는 사이에서 지속적으로 얼굴을 보고 만나는 것"과 "우연히 마주치거나 약속한 만남의 자리에서 만나다, 만나서 알게 되다"에 있다. 물론 실제 쓰임에 있어서는 미묘한 차이인 경우가 많다.

7 **Stiamo preparando** : {stare + 제룬디오} 구문으로 진행

형이다. 여기서는 stare의 시제가 직설법 현재이므로 "지금 ~하고 있다/~하는 중이다"라는 뜻의 현재 진행형이다. 각 동사군 별로 제룬디오 (gerundio) 형태는 –are > –ando; –ere > –endo; –ire > –endo로 어미를 변화시켜 만든다.

Es.
- Sto guardando la TV.
  나는 TV를 보는 중이다.
- Stanno scendendo dall'aereo in questo momento.
  그들은 지금 이 순간 비행기에서 내리고 있다.
- Il mio gatto sta dormendo.
  나의 고양이는 자고 있다.

8 **una relazione sull'arte del Cinquecento** : 여기서 la relazione는 "보고서"라는 뜻이고, 전치사 su (~위에)는 은유적으로 "~에 대해서"라는 의미로 쓰였다. Cinquecento는 물론 숫자 500인데 이러한 백 단위의 수사가 대문자로 시작되면 백년 난위의 연대를 가리킨다. 다시 말해서 Cinquecento는 1500년대, 세기로 따지면 16세기 (secolo XVI)가 된다. 1000년대와 1100년대는 세기를 쓰고, 1200년대부터 1900년대까지 백년 단위 표기법이 병행되고 있다. 500년의 경우, 대개 VI secolo(6세기)라고 하거나 nel 500/nell'anno 500라 표기하여 혼동을 피한다.

9 **Come mai?** : Perché? 와 같은 뜻이다. 그러나 단어가 다르면 어감이 다르게 마련이므로 Come mai는 perché보다 좀더 완곡한 표현으로 설명을 듣고자 하고 경위를 알고자 하는 의도가 담겨 있다.

10 **avrò & tornano** : avrò는 여기서 추측의 단순미래이고 tornano는 가까운 미래를 대신하는 현재시제로 쓰였다.

근과거 – Il passato prossimo

A. 형태 : 조동사 avere/essere 의 직설법현재형 + 본동사의 과거분사 (p.p.)

B. 규칙활용 동사의 과거분사 :

1. – are → - ato : cambiare/cambiato, studiare/studiato
2. – ere → - uto : vendere/venduto, ricevere/ricevuto
3. – ire → - ito : partire/partito, finire/finito

C. 불규칙활용 동사의 과거분사 :

accendere	**acceso**	vedere	**visto/veduto**
prendere	**preso**	spegnere	**spento**
rendere	**reso**	vincere	**vinto**
rispondere	**risposto**	giungere	**giunto**
scendere	**sceso**	essere/stare	**stato**
spendere	**speso**	vivere	**vissuto**
chiudere	**chiuso**	mettere	**messo**
perdere	**perso/ perduto**	produrre	**prodotto**
succedere	**successo**	tradurre	**tradotto**
correre	**corso**	dire	**detto**
venire	**venuto**	fare	**fatto**
bere	**bevuto**	leggere	**letto**
aprire	**aperto**	rompere	**rotto**
offrire	**offerto**	scrivere	**scritto**
scegliere	**scelto**	morire	**morto**
chiedere	**chiesto**	nascere	**nato**
rimanere	**rimasto**		

* proteggere, distruggere; piangere, spingere; sciogliere, togliere, correggere 도 만들어 보시오.

D. 조동사 avere를 쓰는 경우와 essere 를 쓰는 경우 :

1. avere – 타동사와 일부 행위자동사 :
   camminare, passeggiare, viaggiare, cenare, piangere, ecc.
2. essere – 자동사와 움직임/이동, 사실/현상 등을 나타내는 동사들, & 재귀동사들 :
   andare, arrivare, nascere, morire, ecc.
3. avere/essere – 문맥에 따라 둘 다 가능한 동사들 :
   salire, passare, ecc.
4. dovere, potere, volere 는 뒤에 오는 본동사의 종류에 따른다. 단독으로 쓰일 경우, avere를 쓴다.
5. 조동사들은 본동사로 쓰였을 경우, essere는 essere, avere는 avere를 취한다.

E. 과거분사의 성/수 일치 :

1. essere 를 쓰는 동사는 과거분사를 주어의 성/수에 일치시킨다.
2. avere를 쓰는 동사는 직접목적어가 대명사의 형태로 동사 앞에 올 때, 직접목적어의 성/수에 과거분사 어미를 일치시킨다.

Lezione 08

In un ristorante

식당에서

1. Fare una prenotazione

1. 예약하기

- Cameriere : (*Drin, drin*) Ristorante Alfredo, buon giorno!
  종업원 : (따르릉, 따르릉) 안녕하세요, 레스토랑 알프레도입니다.

- Hyunsu : Pronto, buon giorno! Vorrei prenotare un tavolo per due persone, per favore.
  현수 : 여보세요, 안녕하세요! 두 사람 자리 예약하려고 합니다.

- Cameriere: Per quando?
  종업원 : 언제로 하시겠어요?

- Hyunsu : Per domani sera, alle sette e trenta.
  현수 : 내일 저녁 7시 30분으로요.

- Cameriere : Bene. Mi può lasciare il Suo nome, per favore?
  종업원 : 알겠습니다. 성함이 어떻게 되시죠?

- Hyunsu : Sì, mi chiamo Kim Hyunsu.
  현수 : 네, 김현수입니다.

- Cameriere : E il Suo numero di telefono?
  종업원 : 전화번호는요?

- Hyunsu : 987 6543210.
  현수 : 987 6543210입니다.

- Cameriere : 987 6543210, per due. Ecco fatto.
  종업원 : 987 6543210, 두 분이시구요. 네, 됐습니다.

Hyunsu : Grazie!
현수 : 감사합니다.

Cameriere : Grazie a Lei, a domani!
종업원 : 감사합니다. 내일 뵙겠습니다.

2. Ordinare piatti

2. 식사 주문하기

Cameriere : Buona sera! Avete prenotato?
종업원 : 안녕하세요! 예약 하셨습니까?

Hyunsu : Sì, a nome di Kim Hyunsu.
현수 : 네, 김현수 앞으로 했습니다.

Cameriere : Sì... ecco il signor Kim. Di qua, prego. Vi accompagno al vostro tavolo.
종업원 : 네, 여기 김씨 있군요. 이쪽으로 오시지요. 자리로 안내해 드리겠습니다.

Hyunsu : Grazie!
현수 : 감사합니다.

Cameriere : Eccoci, accomodatevi. Questo è il menu.
종업원 : 여기 앉으십시오. 메뉴 여기 있습니다.

Hyunsu : Grazie! Possiamo ordinare subito? Giulia, che cosa prendi?
현수 : 감사합니다. 바로 주문해도 되겠죠? 줄리아, 어떤 걸로 할래?

Giulia : Io prendo come antipasto una bruschetta al pomodoro e basilico, poi salto il primo e per secondo una bistecca alla fiorentina. Hyunsu, la bistecca è la specialità di questo ristorante.

줄리아 : 저는 전채요리로 토마토 바질 브루스켓따 주세요. 파스타류는 생략하고요, 피렌체 스테이크 하겠습니다. 현수야, 이 레스토랑이 이 스테이크 전문이야.

Hyunsu : Allora una bistecca alla fiorentina anche per me. Poi prendo le penne all'arrabbiata come primo, e un'insalata verde, per favore.

현수 : 그럼 저도 같은 스테이크로 할께요. 그리고 프리모로 펜네 아라비아따 주십시오. 그린 샐러드도 부탁합니다.

Cameriere : Benissimo. E da bere?

종업원 : 잘 알겠습니다. 음료는 무엇으로 하시겠습니까?

Giulia : Una bottiglia di vino rosso. Un Chianti Classico.

줄리아 : 레드 와인 한 병 주세요. 키안티 클라시코 중에서요.

Hyunsu : Anche una bottiglia d' acqua minerale, non gassata.

현수 : 생수도 한 병이요, 탄산수 말구요.

Cameriere : Certo. Vi porto subito l'acqua e la lista dei vini.

종업원 : 네, 그러죠. 물과 와인 메뉴 곧 갖다 드리겠습니다.

3. Il dessert

3. 후식 주문하기

Cameriere : Avete finito, volete dei dolci, caffè?

종업원 : 식사 다 하셨습니까, 후식 하시겠어요? 케익류, 커피 있습니다.

Giulia : Sì, io vorrei un tiramisù, poi un caffè. E tu?
줄리아 : 네, 저는 티라미수, 그리고 커피 주세요. 너는?

Hyunsu : Per me solo caffè, grazie. Di solito non mangio dolci.
현수 : 저는 커피만 하겠습니다. 케익은 평소 잘 안 먹어서.

Cameriere : Bene. Un tiramisù e due caffè.
종업원 : 알겠습니다. 티라미수 하나와 커피 두 잔 드리지요.

4. Pagare il conto

4. 계산하기

Hyunsu : Scusi, il conto per favore!
현수 : 여기 계산서 부탁합니다!

Cameriere : Sì, arrivo subito.
종업원 : 네, 곧 갑니다.

Hyunsu : Posso pagare con la carta di credito, vero?
현수 : 신용카드로 지불해도 되겠죠?

Cameriere : Certo. Una firma qui ed ecco il Suo scontrino.
종업원 : 물론입니다. 여기 서명하시고, 영수증 받으십시오.

Hyunsu : Grazie!
현수 : 감사합니다.

Cameriere : Grazie a voi! Arrivederci!
종업원 : 감사합니다. 안녕히 가세요!

Giulia e Hyunsu : Arrivederci!
줄리아 & 현수 : 안녕히 계세요!

구문 해설 및 문법 설명

1 **Fare una prenotazione** : prenotare (pre + notare, 예약하다)와 기본적으로 같은 뜻으로, 정관사를 써서 한정시키거나 복수형으로 쓸 수 있는 등, 다양한 구문으로 응용되고 있다. 이와 유사한 다른 예를 몇 가지 들어보면 fare una passeggiata = passeggiare "산책하다", fare un viaggio = viaggiare "여행하다", fare una visita = visitare "방문하다" 등이 있다. 그러나 사실 동사형이 따로 없는 명사들이 조어력이 뛰어난 fare와 함께 쓰여 일종의 숙어가 된 경우가 훨씬 많다. 가령, fare colazione "아침식사하다", fare la pace "화해하다", fare il pieno "차에 기름을 가득 채우다", fare la spesa "장 보다" 등이 있다.

2 **Cameriere** (종업원, 웨이터)는 "–iere"로 끝나는 남성단수형 직업명이다. 같은 부류에 속하는 명사들로 infermiere "남자 간호사", cancelliere "서기장", *Il barbiere di Siviglia* "세빌리아의 이발사", giardiniere "정원사" 등이 있고, 여성형은 어미를 "–iera"로 바꾸어 만든다. 그러므로 여성 복수형이 남성 단수형과 같은 "–iere" 이다.

3 **Pronto** : 본래 "준비된"이라는 뜻의 형용사(pronto/a/i/e)인데 전화 상에서는 우리말의 "여보세요"에 해당한다. 간단한 문답들을 통해 전화 통화에서 많이 쓰이는 기본 표현들을 살펴보자.

3-1. - Pronto? Sono Marta. C'è Luca?
여보세요? 나 마르타야. 루카 있니?
- Sì, un attimo che te lo passo.
응, 잠깐만, 바꿔줄께.

3-2. - Pronto? Sono Marta. Posso parlare con Luca?
여보세요? 저 마르타예요. 루카하고 통화할 수 있을까요?
- Aspetta un momento. Luca non è in casa, è uscito.
잠깐 기다려보렴. 루카 집에 없구나. 외출했다.

3-3. - Pronto? Buongiorno. Sono Marta Levi. Posso parlare con il dott. Rossi?
여보세요? 안녕하세요! 저는 마르타 레비입니다. 로씨 선생님 부탁합니다.
- In questo momento il dottore non è in ufficio. Vuole lasciare un messaggio?
신생님 지금 집무실에 안계십니다. 말씀 전해드릴까요?
- No, lo richiamo più tardi. Grazie!
아닙니다, 제가 나중에 다시 걸겠습니다. 감사합니다.

3-4. - Pronto? Parlo con casa Frizzi?
여보세요? 프릿지씨 댁이죠?
- No, qui è casa Bellini.
아니요, 여기는 벨리니 가족이 삽니다.
- Mi scusi, ho sbagliato numero.
죄송합니다. 잘못 걸었습니다.

상대방이 누구인지 물을 때에는 Chi parla? "(지금 말씀하시는 분은) 누구시죠?" 또는 Con chi parlo? "(지금 저와 통화하시는 분은) 누구십니까?"라고 한다. Chi è? "누구세요?"는 전화보다는 초인종 인터폰에 물을 때 쓴다.

전화기는 il telefono, 인터폰은 il citofono, 휴대폰은 il telefonino/il cellulare, 스마트폰은 영어를 그대로 써서 lo smartphone 이라고 부른다. 한편, 우리가 영어 단어 smartphone을 외래어로 "스마트폰"이라고 하듯이, 이탈리아어에서는 외래어를 어떻게 발음하는 지에도 귀를 귀울일 필요가 있다.

4 **alle sette e trenta** : 이탈리아에서 시간을 숫자로 표기할 때 콜론 (due punti) 을 쓰지 않고 마침표 (punto)를 쓴다. 즉, 7.30이 le sette e trenta인데, 엄밀히 따지면 문맥상 저녁시간이므로 19.30이 더 정확하다. 이탈리아에서는 24시간 표기도 많이 쓰인다. trenta (minuti)는 우리말에서도 그렇듯이 mezzo "반(半)"이라고도 흔히 말한다. 시간을 묻고 답하는 기본 표현을 살펴 보자.

4-1. - Che ore sono? / Che ora è? 몇 시입니까?
- Mi scusi, posso chiedere l'ora? / Scusi, può dirmi che ore sono?
  실례합니다, 지금 몇 시죠?

4-2. Sono le sei e venti, di sera.
Sono le cinque e quarantacinque. (=3/4, tre quarti)
Sono le otto e mezzo.
È l'una. (13.00)
Sono le tre e quindici. (quindici=1/4, un quarto)
È mezzogiorno. (12.00)
Sono le otto e cinquantacinque. (=nove meno cinque)
È mezzanotte. (24.00)

4-3. - A che ora arrivi a Milano?
  밀라노에 몇 시에 도착하니?

- Il treno arriva alle 17.45 alla stazione centrale.
  기차가 중앙역에 오후 5시 45분에 도착해.

4-4. - Che orario fa la farmacia il giovedì?
  목요일에는 약국이 언제 열지?
- Apre solo la mattina, dalle 8.00 alle 13.00.
  오전에만 열어. 8시부터 1시까지.

5 **mi chiamo Kim Hyunsu** : 각자 자신의 영문 이름을 알파벳 하나씩 이탈리아어로 불러줘야 한다고 상상해보자. 특히 전화상이라면 알파벳 이름만으로는 한번에 정확히 받아쓰기가 어려울 것이다. 이는 모국어 사용자끼리도 마찬가지다. 이탈리아에서는 이럴 때 대개 주요 도시의 이름을 이용한다. 즉, "emme" come/di Milano, "enne" come/di Napoli 식으로 불러 준다. 따라서 Kim은 Kappa, "i" come Imola, "m" come Milano가 된다. Kappa는 일파벳 이름만으로도 충분히 전달이 가능한 경우이다. 그런데 실제로 이름이나 이메일 주소처럼 긴 철자를 불러주다 보면 시간이 많이 지체되므로, "Kappa Imola Milano Acca Ipsilon Udine Napoli Savona Udine"라고만 읽고 미리 성(姓)과 이름을 구분해준다면 상대방은 Kim Hyunsu를 얻게 된다. 한편, 어떤 제품의 일련번호가 00000000000893이라면, undici volte zero 한 다음에 893을 불러주도록 한다.

6 **piatti** : 우선 끼니 (pasto) 이름과 해당 동사를 알아보자.

Es.
- la colazione / fare colazione : 아침식사하다
- il pranzo / pranzare : 점심식사하다
- lo spuntino / la merenda / fare uno spuntino / fare merenda : 요기하다 / 간식 먹다
- la cena / cenare : 저녁식사하다

참고로, 『티파니에서 아침을』은 이탈리아어로 Colazione da Tiffany로 알려져 있고, L'ultima cena 는 레오나르도 다 빈치 (Leonardo da Vinci 1452~1519)의 유명한 벽화 『최후의 만찬』이다.

7 **antipasto** : 정식 코스를 일별해 보면, 전채요리 (anti + pasto) 에 앞서 식욕을 돋구는 음료 아뻬리띠보 aperitivo 가 있다. 아뻬리띠보는 프랑스어 아페리티프 apéritif에서 왔다. 단어를 유심히 살펴보면 동사 aprire와 관련이 있음을 알 수 있다. 그 다음에 전채요리 antipasto > 파스타 (pasta) 또는 리조토 (risotto)로 이루어진 쁘리모 primo piatto > 육류 (carne)나 생선 (pesce)의 순서인 세콘도 secondo piatto > 주로 세콘도에 곁들여 나오는 사이드 디시 콘또르노 contorno > 후식 dolci, frutta > 마지막으로 에스프레소 커피 caffè나 소량의 알콜음료 (limoncello, caffè corretto, ecc.) 등을 마신다.

후식으로 대개 달콤한 음식을 먹기 때문에 형용사 dolce (단, 달콤한)를 복수명사 형태로 써서 i dolci 라고 보통 부르고, 좀더 광범위하게 후식 순서를 가리키는 il dessert는 프랑스어에서 온 외래어이다. 이탈리아에서도 프랑스어처럼 마지막 "–t"는 발음하지 않는다.

8 **ordinare** : 본문에는 레스토랑에서 음식을 주문할 때 사용되는 전형적인 표현들이 나와 있다.

8-1. 웨이터를 부를 때는 Senta, scusi! 또는 Scusi! 하거나, 한 손의 검지손가락을 들어도 된다.

8-2. - Volete ordinare? / Avete deciso?
주문하시겠어요?

- Possiamo ordinare?
  주문할 수 있을까요? (즉, 주문 받으시겠어요? 라는 뜻)

8-3. - Cosa ci raccomanda?
  저희에게 어떤 것을 추천해주시겠어요?
  - Cosa avete di pasta corta?
  짧은 파스타 요리는 무엇이 있습니까?

8-4. "저는 ~로 하겠습니다" 할 때 per me, prendo 또는 vorrei를 많이 쓴다.

8-5. "쁘리모로 ~, 세콘도로~" 할 때는 per primo, come secondo 라고 말한다.

8-6. "갖다주세요, 부탁합니다"는 mi porti, ci porti 라고 존칭 명령법을 쓰고, per favore와 grazie로 매번 요청과 감사의 표시를 하도록 한다.

이탈리아 음식점에서 팁 (la mancia)은 의무도 아니고 보편적인 관습도 아니다. 정해진 비율도 없어서 팁을 주고 싶다면 자유롭게 결정하면 된다. 대개 식탁보 위에 놓거나 자리에서 지불 후 웨이터가 영수증 (lo scontrino)을 놓고 가면 영수증은 챙기고 그 접시에 팁을 놓기도 한다.

9 **acqua minerale non gassata** : 이탈리아 사람들은 일반물처럼 탄산수도 많이 마시는 편이다. 일반물은 acqua minerale naturale 또는 liscia (곧은, 매끈한)라고 하는데, 탄산수 역시 naturale 이기도 해서 본문에서는 non gassata라고 하였다. 반면에 탄산수는 gassata 또는 frizzante 라고 부른다.

서수 – I numeri ordinali

primo	undicesimo	ventitreesimo	centesimo
secondo	dodicesimo	ventottesimo	millesimo
terzo	tredicesimo	trentesimo	
quarto	quattordicesimo	quarantesimo	terzultimo
quinto	quindicesimo	cinquantesimo	penultimo
sesto	sedicesimo	sessantesimo	ultimo
settimo	diciassettesimo	settantesimo	
ottavo	diciottesimo	ottantesimo	ennesimo
nono	diciannovesimo	novantesimo	
decimo	ventesimo		

* N.B. 서수도 형용사이므로 남성/여성, 단수/복수 네 가지 형태의 어미변화를 한다. 대부분의 경우 정관사를 동반하고 로마숫자로 쓸 수 있다. 아라비아 숫자로 표기할 때는 어미 모음을 지수로 넣는다.

· primo piano “1층” > 1o piano

· seconda classe “2등칸” > 2a classe

Memo

Lezione
09

Le compere

물건 사기

1. In un negozio di alimentari

1. 식료품 가게에서

Cliente :	Buon giorno!
손님 :	안녕하세요!
Venditore :	Buon giorno, signorina! Desidera?
주인 :	안녕하세요, 아가씨! 무엇을 찾으십니까?
Cliente :	Vorrei un filone di pane integrale. E avete delle arance e delle ciliegie?
손님 :	통밀 빵 하나 주세요. 그리고 오렌지와 체리 있어요?
Venditore :	Sì, ce ne abbiamo. Quante ne vuole?
주인 :	네, 있습니다. 얼마나 드릴까요?
Cliente :	Un chilo ciascuno.
손님 :	1킬로씩 주세요.
Venditore :	Ecco a Lei. E poi?
주인 :	여기 있습니다. 또 말씀하시죠?
Cliente :	E poi mi dà anche due etti di prosciutto crudo, per favore.
손님 :	또 프로슈토 날 것으로 200그램 주세요.
Venditore :	Bene. Ecco il prosciutto. Serve altro?
주인 :	네, 여기요. 다른 것 더 필요하신 건 없구요?

- Cliente : Basta così, grazie. Quant'è?
  손님 : 네, 다 됐습니다. 감사합니다. 얼마예요?
- Venditore : Sono 14 euro in tutto.
  주인 : 전부 14유로입니다.
- Cliente : Ecco a Lei i 14 euro esatti.
  손님 : 여기 14유로 받으세요.
- Ventidore : Grazie, arrivederci!
  주인 : 감사합니다. 안녕히 가세요!
- Cliente : Arrivederci!
  손님 : 안녕히 계세요!

2. In un negozio di abbigliamento

2. 옷 가게에서

- Commessa : Posso aiutarLa, signore?

  판매원 : 도와드릴까요, 손님?

- Uomo : Sì, grazie! Vorrei vedere questi pantaloni. Posso provarli?

  남자 : 네, 감사합니다. 이 바지를 보고 싶은데요. 입어봐도 됩니까?

- Commessa : Certo! Che taglia porta?

  판매원 : 물론이죠. 사이즈가 어떻게 되세요?

- Uomo : La 48.

  남자 : 48입니다.

- Commessa : Ecco a Lei. I camerini sono laggiù in fondo.

  판매원 : 여기 있습니다. 갈아입는 곳은 저쪽 끝에 있습니다.

(dopo che ha provato i pantaloni)

(바지를 입어 본 후)

- Uomo : La taglia è giusta, ma non mi piace molto il colore. Li avete in altri colori?

  남자 : 사이즈는 잘 맞는데요, 색깔이 별로 마음에 들지 않아요. 다른 색도 있어요?

- Commessa : Sì, ora Le faccio vedere. Secondo me Le starà molto bene il marrone. Vede, è un prodotto fatto in Italia e la qualità è ottima.

  판매원 : 네, 보여 드리죠. 제 생각에는 갈색이 잘 어울리실 것 같아요. 이것은 이탈리아 제품이고 품질이 최고입니다.

Uomo : Quanto costano?
남자 : 얼마입니까?

Commessa : Costano 74 euro.
판매원 : 74유로입니다.

Uomo : Mi sembrano molto cari!
남자 : 너무 비싼 것 같은데요!

Commessa : Ma è un modello all'ultima moda e la qualità è garantita. Poi la cosa più importante è che Le stanno perfettamente. E in più ora c'è lo sconto del quindici percento. È un'occasione da non perdere.
판매원 : 그렇지만 최신 모델인데다가 품질이 보장되어 있습니다. 무엇보다 중요한 건 손님에게 완벽하게 잘 맞는다는 점입니다. 게다가 지금 15% 할인 중입니다. 놓칠 수 없는 기회죠.

Uomo : Va bene. Mi ha convinto. Li prendo.
남자 : 좋습니다. 그렇게 하죠. 이거 주십시오.

구문 해설 및 문법 설명

1 **Le compere** : fare (le) compere는 동사 comp(e)rare "사다, 구입하다"와 거의 같은 말로, 여러가지 구매 행위를 한다는 뜻이다. 그런데 이탈리아어에서 장보기를 비롯한 다른 모든 쇼핑은 사실 "구입"보다는 "지출"로 말한다. "(자원, 에너지, 돈 등을) 쓰다, 지출하다"는 뜻의 동사 spendere의 명사형인 la spesa를 써서, "장보다"는 fare la spesa, 다른 쇼핑은 "fare (le) spese"라고 한다.
물건사기를 위한 말하기는 장을 볼 때나 여타 쇼핑을 할 때나 간단히 세 단계로 나누어 볼 수 있다. 우선 (눈 마주치며) 인사하고 > 사고자 하는 물건을 찾고(고르기, 문의하기) > 계산하고 (아무 문제 없으면) 인사하고 나온다. 말하기는 말하기를 통한 반복적인 훈련을 해야 실력이 늘게 마련이므로, 지나치게 비싸지 않다면 과일 (frutta)이나 야채 (verdura), 빵, 고기 (carne), 해물 (frutti di mare) 등은 가까운 빵 굽는 집 (fornaio, panetteria)이나 정육점 (macelleria) 등 동네 상점을 단골로 삼으면 이탈리아어 실력 뿐만 아니라 이탈리아인의 마음도 얻을 수 있을 것이다. 한편 수퍼마켓 (supermercato)은 어휘를 늘이는 데 큰 도움이 된다.

2 **Desidera?** : desiderare "바라다, 희망하다"의 직설법 현재형을 발음해보자. desìdero, desìderi, desìdera, desideriàmo, desideràte, desìderano. 그리고 명사형 단수 il desidèrio, 복수 i desidèri. 강세(accento)는 이탈

리아어에서 의미가 달라지는 변별적 자질 가운데 하나이다. 단어의 강세를 바로 알면 문장을 말할 때도 억양이 자연스러워지고 청취력의 향상에도 많은 도움이 된다.
인사를 하고 나서 주인이나 점원이 "무엇을 원하십니까", "무엇을 도와드릴까요" 할 때, 여기서처럼 Desidera? 또는, 본문 두 번째 대화에서처럼, Posso aiutarLa? 하기도 하고, 좀더 길게 Come posso aiutarLa?, Posso esserLe utile?, 혹은 좀더 정중하게 In che posso esserLe utile? 할 수도 있다. 때로는 먼저 Mi può aiutare? 또는, 좀더 공손하게 조건법을 써서, Mi potrebbe aiutare? 하고 도움을 요청해도 된다.

3 **un filone di pane, due etti di prosciutto** : filone는 타원형이나 길쭉한 빵을 한 덩어리로 세는 단위이다. 둥근 모양일 경우 pagnotta라고 부른다. 한 덩어리 말고 일부만 사고자 할 경우에는 mezzo/metà (반), un terzo (3분의 1), un pezzo (조각) 등의 표현을 쓴다. etto는 100그램 (cento grammi)과 같고, 주로 소량씩 무게를 달아 팔 때 많이 사용된다. 통일된 측정 단위 (chilo, litro, grammi, ecc.)는 제외하고, 포장 용기 (bottiglia, scatola, ecc.)에 따라 식료품을 세는 단위와 의류 취급의 예를 몇 가지 들어보면 다음과 같다.

3-1. una lattina di birra 맥주 한 캔
una tavoletta di cioccolato 초코렛 하나
una scatoletta di tonno 참치 한 캔
una confezione di sale 소금 한 팩
un barattolo di miele 꿀 한 병
un pacco di pasta 파스타 한 팩

una bottiglia di olio d'oliva 올리브유 한 병
un panetto di burro 버터 하나
un vasetto di confettura 잼 한 병
una busta di biscotti 과자 한 봉지
una forma di formaggio 치즈 하나
un tubetto di maionese 마요네즈 한 튜브

3-2. un paio di pantaloni 바지 한 벌
due paia di jeans 청바지 두 벌
un paio di occhiali da sole 썬글라스 하나
due paia di guanti 장갑 두 켤레
un paio di calzini 양말 한 켤레
due paia di scarpe 구두 두 켤레
un completo 정장 한 벌
un abito 드레스 한 벌
uno smoking 턱시도
un costume da bagno 수영복

4 **ce ne abbiamo & Quante ne vuole?** : 여기서 ce는 부분사(particella) ci가 뒤에 오는 ne의 영향으로 역행 모음동화 된 형태이다. 이 ci는 "우리"를 뜻하는 대명사가 아니라 avere와 함께 쓰여서 (averci) 관용적으로 "~를 갖고 있다/지니다"를 의미한다. "~이 있다"를 뜻하는 esserci, 또는 앞서 5과에서 보았던 volerci (시간, 비용이 들다)와 metterci (시간, 비용을 들이다)의 ci와 같은 기능으로, 본동사의 의미를 보완하고 문장의 균형을 잡는 역할을 한다.
ne 역시 문법상 ci와 같은 부분사 (particella)로 분류되는데, 그 여러 기능 중에서 여기서는 앞 문장에서 불특정한 수량을 나타내는 부분관사 (delle)를 동반한 오렌지와 체리를 받는 부분대명사 (pronome partitivo)로 쓰였다. 같은 이치로 그 과일들을 얼마나 원하는지 묻는 바로 뒤의

의문문에서도 ne를 사용하였다. 그리고 본문 두 번째 대화 중 Ne avete in altri colori?의 Ne 도 부분대명사로서 "di questi pantaloni (같은 스타일의 바지들)"을 가리키고 있다.

5 **mi dà** : 동사 dare (주다)의 직설법 현재 3인칭 단수형에는 동음이의어 da, da' 와 구분하기 위해서 강세 (accento distintivo)를 표시해 준다. da는 전치사이고, da' 는 2인칭 명령법 dai의 탈락형이다. 강세 (acuto, grave)와 어포스트로피 (it. apostrofo)는 반드시 구분해서 표기하도록 한다. 반면에 fare의 직설법 현재 3인칭 단수형인 fa의 경우, 마찬가지로 전치사 (due anni fa), 계이름 (le note musicali : do, re, mi, fa, sol, la, si), 2인칭 명령법 fai의 탈락형(fa') 과 같은 동음이의어들이 있으나 문맥상 의미가 혼동될 확률이 매우 적어 강세 표시를 하지 않는다.

6 **Serve altro?** : "다른 필요한 것 없으세요?"의 전형적인 표현이다. 여기서 serve의 주어는 손님이 아니라 바로 뒤의 altro 이다. 동사 앞에 "당신에게"를 뜻하는 존칭 간접목적 대명사 Le가 생략되었다. 손님을 주어로 한다면 Desidera altro? 또는 Ha bisogno d'altro? 라고 물을 수 있다. 이에 대하여 Mi serve una lampada. "전구가 하나 필요합니다", Mi servono delle uova. "달걀 좀 주세요"라고 대답할 수 있다.
필요한 물건을 다 찾았으면 계산할 순서인데, 본문에서는 정확하게 현금 (contanti)을 지불했으나, 잔돈을 거슬러 줄 경우도 예로 들어 본다면: Quant'è? > Sono 13,50 (tredici e cinquanta). > Ecco a Lei 15 euro. > Le do il resto (잔돈). Ecco 1 (euro) e 50 (centesimi). 참고로, 이탈리아 사람들은 잔돈을 거꾸로 센다. 예를 들어, 20유로를 낸다면 13,50부터 20까지 손님이 보는 앞에서 세면서 거스

름돈을 내어 준다. 그 밖에 다음과 같은 상황이 발생할 수 있겠다.

Es.
- Scusi, il resto non è esatto: mi ha dato 5 euro in meno.
  저기요, 거스름돈이 맞지 않습니다. 저에게 5유로 덜 주셨어요.
- Scusi, mi ha dato 10 euro in più.
  저에게 10유로 더 주셨네요.
- Mi scusi, non mi ha dato lo scontrino.
  영주증을 안 주셨습니다.

7 **Vorrei vedere questi pantaloni** : 본문에 주어진 상황은 백화점의 남성복 코너에서 손님이 옷을 고르는 것에서 시작한다. 그런데 쇼윈도우에서 마음에 드는 물건을 보고 상점 안으로 들어가 문의하는 경우도 많으므로, 가령 "쇼윈도우에 있는 빨간 구두 좀 보고 싶은데요"라고 하려면 이 요청의 문형을 약간 응용하여 "Vorrei vedere le scarpe rosse che stanno in vetrina"라고 하면 된다. 참고로 la vetrina "진열장, 쇼윈도우"는 il vetro, 즉 "유리"와 같은 어원이다.

8 **Le starà molto bene** : 옷 고를 때 말하는 stare bene는 "잘 맞는다" 또는 "잘 어울린다"는 뜻이다.

Es.
- "바지가 너무 꽉 끼어요"
  I pantaloni mi stanno troppo stretti.
- "티셔츠가 너무 커요"
  Mi sta troppo larga questa maglietta.
- "소매가 좀 짧네요"
  Le maniche mi stanno un po' corte.
- "초록색은 나한테 잘 안 어울려"
  Il verde non mi sta tanto bene.

- "블랙은 누구에게나 다 잘 맞아"
  Il nero sta bene a tutti.
- "밝은 색 쪽이 더 낫지 않을까?"
  Non ti staranno meglio i colori più chiari?

9 **il marrone** : 색깔은 형용사이기도 하고 명사이기도 하다. 그런데 형용사로 쓰일 때도 성/수에 따라 어미가 변하지 않는 색깔들이 있다. blu (파랑), rosa (핑크, 장밋빛), viola (보라)가 대표적인 불변 (invariabile) 색형용사인데, la rosa (장미)와 la viola (제비꽃)는 꽃이름이기도 하다. 따라서 가령, "핑크색 장미 열 송이"를 이탈리아어로 하면 dieci rose rosa 가 된다.
이탈리아의 국기(la bandiera nazionale) 삼색기 (il tricolore)는 왼쪽부터 초록색 (verde), 흰색 (bianco), 빨간색 (rosso)이고, 신호등 (il semaforo)은 위에서부터 rosso, giallo (노란색), verde이다. 미스테리 추리 소설이나 영화 등을 romanzo giallo, film gialli 라고 부르는데, 이것은 한때 인기 추리소설 시리즈가 노란색 표지였던 데에서 유래한다. 누군가 Io sono al verde라고 말한다면 그는 돈이 다 떨어진 것이다. 이 표현은 직역하면 "나는 초록색에 있다"라는 뜻인데, 일설에 따르면 이 초록색은 전기가 없던 시절 서민들이 사서 쓰던 초의 아랫부분에 칠해져 있던 색이라고 한다. 기타 자연 및 인공물의 이름이 그들 고유의 색깔 이름이기도 한 경우도 많다. 비근한 예로 금색 oro, 은색 argento, 보르도포도주색 bordeaux, 푸크시아색 fucsia, 카페라테색 caffellatte, 짙은갈색/고동색 testa di moro 등이 있다. 이들은 색형용사로 쓰일 때 una sciarpa color fucsia "푸크시아색 머플러"처럼 "색"이라는 말을 동반하거나, un foulard fucsia "푸크시아색 스카프"처럼 명사 뒤에서 수식한다. 참고로 "컬러 TV"는 televisione a colori,

"흑백 영화"는 film in bianco e nero, "색연필"은 matite colorate라고 한다.

10 **ottima & la cosa più importante** : 각각 형용사의 절대 최상급(superlativo assoluto), 상대 최상급 (superlativo relativo)이다. ottimo는 형용사 buono "좋은, 선한, 맛있는"의 절대 최상급이고, la cosa più importante는 형용사 importante "중요한"의 상대 최상급이다. ottimo는 특별한 경우에 속하고 대개 형용사의 절대 최상급은 원급에 어미 -issimo를 붙여서 만든다. 따라서 "중요한"의 절대 최상급은 importantissimo가 된다. buono도 상대 최상급을 만들어 보면, 예를 들어, la migliore qualità "최상의 품질", 또는 gli spaghetti più buoni del mondo "세상에서 가장 맛있는 스파게티"라고 할 수 있다. migliore는 이중 비교급을 가진 buono의 통합형 비교급 (comparativo sintetico)이고 più buono는 분석형 비교급 (comparativo analitico)이다. 이중 비교급 및 최상급을 갖고 있는 형용사는 buono, cattivo, grande, piccolo, 부사는 bene, male, molto, poco가 있다.

재귀동사 & 재귀대명사 – I verbi & i pronomi riflessivi

A. 재귀동사와 재귀대명사(mi, ti, si, ci, vi, si)의 용법

1. Io lavo me stesso. → Io mi lavo. (lavarsi)
2. Le ragazze alzano se stesse alle sette. → Le ragazze si alzano alle sette. (alzarsi)
3. Oggi Emma non sente bene se stessa. → Oggi Emma non si sente bene. (sentirsi)

B. 복합시제에서 조동사 essere 사용 : 본동사의 과거분사와 성·수일치

주어	재귀대명사	직설법 현재	직설법 근과거
io	**mi**	alzo	sono alzat**o/a**
tu	**ti**	alzi	sei alzat**o/a**
lui/lei/Lei	**si**	alza	è alzat**o/a**
noi	**ci**	alziamo	siamo alzat**i/e**
voi	**vi**	alzate	siete alzat**i/e**
loro	**si**	alzano	sono alzat**i/e**

1. I bambini si sono già addormentati. (addormentarsi)
2. Le ragazze si sono già pettinate. (pettinarsi)
3. Mio fratello si è messo una maglietta a righe. (mettersi)

C. 본질적(proprio) 재귀동사와 상호적(reciproco) 재귀동사

1. Giovanni saluta Anna. – Anna saluta Giovanni. – Giovanni e Anna si salutano.
2. Sabina ha amato Marco. – Marco ha amato Sabina. – Sabina e Marco si sono amati.

3. Io ho incontrato la mia ragazza a una festa. –
Ci siamo incontrati a una festa.

D. 보조동사 (dovere, potere, volere)와 재귀대명사의 위치와 조동사 (avere, essere)의 변화

1. Domani ti devi svegliare presto. –
   Domani devi svegliarti presto.
2. Ieri ti sei dovuto svegliare presto. –
   Ieri hai dovuto svegliarti presto.
3. I giovani si vogliono divertire. –
   I giovani si sono voluti divertire.
4. I giovani vogliono divertirsi. –
   I giovani hanno voluto divertirsi.
5. Anna si può occupare del bambino. –
   Anna può occuparsi del bambino.
6. Anna si è potuta occupare del bambino. –
   Anna ha potuto occuparsi del bambino.

Memo

Lezione 10

Dialoghi quotidiani

일상의 대화

1. In un bar (1/2)

1. 카페에서 (1/2)

Bruno :	Ciao! Sono Bruno, piacere! E tu come ti chiami?
브루노 :	안녕! 난 브루노라고 해. 반갑다! 넌 이름이 뭐니?
Mira :	Mi chiamo Mira. Piacere mio!
미라 :	나는 미라란다. 나야말로 반갑다!
Bruno :	Sei coreana, vero?
브루노 :	넌 한국사람 맞지?
Mira :	Sì! Come fai a saperlo? Hai amici coreani?
미라 :	응! 어떻게 알았어? 한국인 친구들이 있니?
Bruno :	Sì, ho un amico coreano, si chiama Kim.
브루노 :	응. 한국인 친구 하나 있고 이름이 김이야.
Mira :	Quello è il suo cognome. In Corea ci sono molte persone che si chiamano Kim.
미라 :	그건 성이야. 한국에는 김씨가 아주 많아.
Bruno :	Sì, lo so, però è troppo difficile pronunciare il suo nome. Mira, perché non ci mettiamo a sedere? Ti offro da bere.
브루노 :	알지. 근데 녀석 이름이 발음하기에 너무 어려워. 미라야, 우리 좀 앉지 않을래? 내가 마실 거 살께.

Mira : Grazie, ma adesso non posso. Devo andare. Ho una lezione che sta per cominciare.

미라 : 고맙다, 하지만 지금은 안되겠어. 가봐야 돼. 수업 있는데 곧 시작해.

Bruno : Va bene. È stato un piacere parlare con te!

브루노 : 알겠어. 너와 얘기 나눠서 즐거웠어.

Mira : Anche per me. Ci vediamo!

미라 : 나도. 또 보자!

2. In un bar (2/2)

2. 카페에서 (2/2)

Sanghun : Oggi fa caldo. Sembra già estate.

상훈 : 오늘 날씨 덥다. 벌써 여름 같아.

Elena : Sì, ma io ho freddo. Sono raffreddata. Ti dispiace se chiudo la finestra?

엘레나 : 그래, 하지만 나는 추워. 감기가 들었거든. 창문 좀 닫아도 될까?

Sanghun : No, no, anzi te la chiudo io.

상훈 : 그래, 그래, 아니 내가 닫아줄께.

Elena : Grazie! Per la verità mi fa male anche la gola.

엘레나 : 고맙다! 사실 목도 좀 아파.

Sanghun : Perché non vai dal medico?
Non sembri stare tanto bene.

상훈 : 의사에게 가 보는 게 어때?
너 몸 상태가 그리 좋지는 않아 보인다.

Elena : Infatti ci andrò dopo pranzo. Ho preso un appuntamento.

엘레나 : 안 그래도 점심 먹고 가려고. 약속 해 놨어.

Sanghun : Da noi in primavera molte persone soffrono di mal di gola per la sabbia gialla che arriva dalla Cina.

상훈 : 우리 나라에는 봄에 중국에서 오는 황사 때문에 많은 사람들이 인후통을 앓아.

Elena : Davvero? Che male!

엘레나 : 정말이니? 그것 참 좋지 않군!

Sanghun : Già, neanche a me piace quel vento polveroso. Ci dà molto fastidio ogni primavera.

상훈 : 그래, 나도 그 먼지 바람 별로 안 좋아해. 매년 봄마다 우리는 아주 불편해.

Elena : È ora di andare all'ospedale. Ci vediamo domani.

엘레나 : 이제 병원에 가야 될 시간이다. 내일 또 보자.

Sanghun : D'accordo. Rimettiti presto. A domani!

상훈 : 좋아. 빨리 나아라. 내일 봐!

구문 해설 및 문법 설명

1 **In un bar** : 이탈리아어의 전치사는 각각의 의미나 어원, 속성을 아는 것만으로는 그 다양한 기능과 유동적인 용법을 명쾌하게 설명하기가 어렵다. 따라서 접하게 될 때마다 문법보다는 어법 차원에서 경험을 쌓듯이 익혀 가야할 필요가 있다. 본문에 쓰인 전치사 용례를 살펴보면, 우선 각 대화의 제목에서 단순형 In과 부정관사 un을 썼는데, 만일 이 두 대화에서처럼 bar가 불특정한 공간적 배경이 아니라, 어느 bar에서나 항상 일어나는 주문하고 지불하고 소비하는 내용이었다면, In un bar보다는 a와 정관사가 결합된 Al bar가 더 적합하다고 할 수 있다. 어느 bar든지 "바(또는 카페)에 간다"고 할 때에도 andare al bar라고 한다. 동사 andare가 외적 방향성을 내포하고 있기 때문에 전치사 a를 동반하는 경우가 많지만, 병원은 andare in 또는 all'ospedale 라고도 하고 은행은 in banca인데 이름이 붙으면 alla Banca Commerciale 가 되는 유동성은 규칙(regola) 이라기보다 원어민들도 늘 되묻고 점검하는 언어 습관 (abitudine)이다.

1-1. **Come fai a saperlo?** : 능력을 내포한 fare와 방법의 a

1-2. **ci mettiamo a sedere** : mettersi a + 동사원형 : "~을 하다/시작하다"

1-3. **Ti offro da bere** : = Ti offro qualcosa da bere. 용도의 da : avere da fare "할일이 있다", fare da mangiare "먹을 거리를 만들다"

1-4. dal medico : 또는 dal dottore. "병원에 가다"와 거의 같은 말이다. 이때 da는 그 사람이 거주하는 집(누구누구네)이나 일터를 뜻한다. 병원 대신 의사에게 간다고 하듯이 흔히 담배가게 (tabaccheria) 대신 담배 파는 사람에게 간다 (andare dal tabaccaio) 하고, 미용사에게 간다(dal parrucchiere) 하고, 정육업자에게 (dal macellaio) 간다고 한다.

1-5. Da noi : = a casa nostra. 곧 우리집, 우리 마을, 우리 도시, 우리 나라, 우리 편, 모두 가능하다.

1-6. **Non sembri stare tanto bene** : 만일 sembrare와 stare의 주어가 다를 때는 sembrare 다음에 접속사 che를 쓰고 stare를 활용시켜 절로 풀어야 한다. 동사 sembrare는 "~처럼 보인다, ~인 것 같다"는 주관적 의견이므로 종속절에서 stare는 접속법 시제로 활용한다. 즉, Non mi sembra che tu stia tanto bene 라고 할 수 있다. 그러므로 여기서 di는 동사원형과 함께 명사구를 이끄는 역할을 한다.

1-7. **soffrono di mal di gola per la sabbia** : soffrire di는 "~(병/증세)를 앓다/~로 고통받다"라는 뜻이다. 두 번째 di는 male를 구체화시키는 역할을 하고, per는 그 원인(~로 인한)을 나타낸다.

1-8. **È ora di andare a** + 장소/동사원형 : 여기 di역시 동사원형을 동반한 명사구를 이끌고 있다.

2 **la lezione sta per cominciare** : 앞서 7과에서 {stare + gerundio} 구문을 언급했었다. 이 구문은 이탈리아어에서 "~하는 중이다"라는 진행형 시제를 표현한다. 동사의 어미활용이 아니라 이와 같이 동사구를 구성하여 시제와 양태를 나타내는 방법을 perifrasi (우언법 迂言法) verbale

라고 부른다. 본문에 나온 {stare + per + 동사원형} 구문 역시 대표적인 perifrasi verbale로서 "막 ~하려고 한다"는 임박한 미래 시제를 표현한다. 물론 stare가 과거시제일 때는 "막 ~하려 하고 있었다"는 뜻이 될 것이다. 이 경우에는 과거시제 중에서도 상태와 지속성을 나타내는 반과거(imperfetto)를 쓴다. (p.e.: Stavo per uscire. "나는 막 나가려던 참이었다")

3 **Oggi fa caldo & ma io ho freddo** : 신라틴어 (le lingue neolatine)에서는 날씨와 시간이 같은 말이다. 라틴어와 가장 가까운 신라틴어인 이탈리아어에서도 시간과 날씨는 둘 다 il tempo 이다. 날씨를 물을 때 많이 사용되는 의문문은 Che tempo fa? 와 Come è il tempo? 이다. 이에 대한 답에서도 기본적으로 동사 fare또는 essere를 쓰고 주어는 비인칭이거나 il tempo가 될 것을 짐작할 수 있다.

Es.
- Fa bel tempo. / Il tempo è bello. : 날씨가 좋다.
- Fa brutto tempo. / Il tempo è brutto. : 날씨가 나쁘다.
- Piove. : 비가 온다.
- Nevica. : 눈이 온다.
- Tira vento. : 바람이 분다.
- Fa caldo. / È caldo. : 날이 (공간이) 덥다.
- Fa freddo. / È freddo. : 날이 (공간이)춥다.
- (Il cielo) È sereno. : (하늘이) 맑다/개었다.
- C'è il sole. : 해가 났다.
- Il sole splende. : 태양이 빛난다.
- È nuvoloso. : 흐리다 / 구름이 끼었다.

참고로 일기예보는 le previsioni del tempo, le previsioni meteo 또는 간단히 il meteo라고도 한다. meteo라는 말

은 la meteorologia "기상학"의 줄임말이다. 일기예보에서는 추측의 단순미래 시제를 많이 쓴다 (p.e.: Domani il tempo sarà bello). 그리고 일상적인 날씨 얘기와 다른 차원의 전문용어도 많이 들을 수 있다. 예를 들면, rovesci "소나기", precipitazioni "강수(량)", escursione termica "일교차", 그 밖에 la nebbia "안개", il clima "기후", l'umidità 습도, temperature massime/minime "최고/최저 기온", il temporale "뇌우", raffica di vento "돌풍" 등이 있다.

4 **la gola** : 신체 부위의 이름 중에는 불규칙 복수형을 가진 명사들이 많다. 예를 들어 "팔"은 단수일 때 il braccio 복수일 때 le braccia이고, "손"은 la mano–le mani, "속눈썹" il ciglio–le ciglia, "눈썹" il sopracciglio–le sopracciglia, "무릎" il ginocchio–le ginocchia, "입술" il labbro–le labbra 등이 있다. L'occhio–gli occhi "눈"과 "귀" l'orecchio–gli orecchi는 안경(gli occhiali)이나 귀걸이(gli orecchini)와 발음이 매우 비슷하다. 알렉산더 대왕 (Alessandro Magno 356 a.C.~323 a.C.) 은 한 눈은 까맣고 다른 눈은 파랬다(un occhio nero e l'altro blu)는 전설이 있다.

팔이나 다리, 발 같은 부분은 사물에서 유사한 기능을 하는 부분을 두고 성·수를 달리해서 일컫기도 한다 (p.e.: il gambo del sedano "샐러리 줄기", i bracci di un candelabro "촛대의 갈래들", ai piedi del monte "산 발치에").

한편, 동물의 다리는 le gambe라 하지 않고 le zampe라 하고, 얼굴은 il viso가 아닌 il muso이며, 사람의 입은 la bocca, 주둥이는 il becco라고 한다.

Testa o croce? "머리 아니면 십자가"는 동전을 던져 양자

택일을 할 때 묻는 말이다. 동전에는 전통적으로 한 면에는 사람의 옆 얼굴이 있었고, 다른 한 면에는 종종 십자가가 있었기 때문이다.
신체 각 부분의 명칭은 외부 뿐만 아니라 내부 장기 이름까지 포함해서 한편으로는 고난도의 의학용어 체계와 닿아 있고 다른 한편으로는 무수한 비유적이고 상징적인 관용어구, 속담, 숙어 표현의 차원으로 연결되는 매우 매력적인 어휘 영역이다.

5 **anzi**는 경우에 따라 "그보다는, 오히려"라는 뜻으로 반대되는 내용을 도입하기도 하고, 본문에서처럼 "더 나아가, 그러고 말 것이 아니라"라는 의미로 이미 진행 중인 어조를 더욱 강조하기도 한다. 때로는 특히 문어체에서 라틴 어원에 충실하게 "이전에, 그보다 먼저"로 해석되기도 한다.

6 **Già, neanche a me piace** : neanche는 부정어 né와 anche가 합쳐진 말로 "~도 아닌"이라는 뜻이다. neanche는 동사 앞에 오면 단독으로 문장 전체를 부정문으로 만들지만 동사 뒤에 오면 non을 필요로 한다. 본문의 문장을 바꾸어 써보면, Già, non mi piace neanche a me가 된다. 한편, Già는 여기서 "이미, 벌써"의 뜻과는 거리가 멀고, Sì를 강조하는 "바로 그렇다"는 의미로 쓰였다.

7 **Rimettiti presto** : 재귀동사 rimettersi 가 "몸 상태가 원상태로 돌아오다"라는 뜻으로 쓰였다. 2인칭 긍정 명령 형태에서 재귀대명사 ti는 항상 동사 바로 뒤에 후접된다. 비슷한 표현으로 Guarisci presto! "빨리 (병이 나아) 완쾌되렴" 또는 Riguardati! "몸조리 잘 해라" 등이 있다.

명령법 – L'imperativo

A. 활용형 :

	I. parl – are	II. cred – ere	III. part – ire	III. fin – ire
io				
tu	parl – **a!**	cred – **i!**	part – **i!**	fin – **isci!**
Lei	parl – **i!**	cred – **a!**	part – **a!**	fin – **isca!**
noi	parl – **iamo!**	cred – **iamo!**	part – **iamo!**	fin – **iamo!**
voi	parl – **ate!**	cred – **ete!**	part – **ite!**	fin – **ite!**
Loro	parl – **ino!**	cred – **ano!**	part – **ano!**	fin – **iscano!**

andare	dare	dire	fare	stare	avere
vai / va'	dai / da'	dì / di'	fai / fa'	stai / sta'	abbi
vada	dia	dica	faccia	stia	abbia
andiamo	diamo	diciamo	facciamo	stiamo	abbiamo
andate	date	dite	fate	state	abbiate
vadano	diano	dicano	facciano	stiano	abbiano

* essere, venire, rimanere, chiedere, 등도 활용해 보시오.

B. 용법 : 명령이나 재촉 또는 강한 권유를 표현하고자 할 때

1. Carlo, leggi con più attenzione!
2. Signore, abbia un po' di pazienza!

C. 부정 명령문 만들기 :

NON + 긍정명령문 단, 2인칭단수 tu는 NON + 동사원형

1. Signore, non venga troppo tardi!
2. Carlo, non spegnere la luce!

D. 대명사와 긍정 명령법 :

tu, noi, voi는 명령형+대명사후접 / Lei, Loro는 대명사 + 명령형

1. Se vuoi quel libro, compralo!
2. Se volete dare la borsa a Luisa, dategliela!
3. Quel bar sembra più grande, andiamoci!
4. Se Lei mi vuole scrivere una lettera, me la scriva!
5. Se Lor signori devono rimanere in casa, ci rimangano!

E. 대명사와 부정 명령법 :

tu, noi, voi 명령형의 앞 뒤 / Lei, Loro 대명사 + 명령형

1. Non comprarlo! = Non lo comprare!
2. Non dategliela! = Non gliela date!
3. Non andiamoci! = Non ci andiamo!
4. Non me la scriva!
5. Non ci rimangano!

F. 재귀동사의 긍정 명령법

1. Marco, alzati!
2. Signore, si alzi!
3. Ragazzi, alziamoci!
4. Bambini, alzatevi!
5. Signori Rossi, si alzino!

G. 재귀동사의 부정 명령법

1. Marco, non ti alzare! = Marco, non alzarti!
2. Signore, non si alzi!
3. Ragazzi, non alziamoci! = Ragazzi, non ci alziamo!
4. Bambini, non alzatevi! = Bambini, non vi alzate!
5. Signori Rossi, non si alzino!

H. 단음절 명령형 (va', da', di', fa', sta')과 단음절 대명사
→ 이중자음화

1. Vattene, non ti voglio più vedere!
   Per favore, va' dal dottore, vacci!
2. Carlo, dammi un attimo la tua penna!
   Dammela per favore!
3. Devi dire "avanti", dillo!
   Devi dirmi la verità, dimmela!
4. Devi fare una foto, falla!
   Che bella collana! Fammela vedere!
5. Se ti piace stare qui, stacci quanto vuoi!
   Giulio, ti prego, stattene fermo, mi disturbi!

I. essere & avere의 명령형

1. Sii paziente!
2. Siate pazienti!
3. Abbi fiducia!
4. Abbiate fiducia!

Memo

Lezione 11

In un'agenzia di viaggi

여행사에서

1. Chiedere informazioni sui pacchetti di viaggio

1. 여행상품 알아보기

- Turista : Buongiorno!
  관광객 : 안녕하세요!

- Impiegata : Buongiorno! Prego, si accomodi. Come posso aiutarLa?
  직원 : 안녕하세요! 이쪽으로 앉으십시요. 어떻게 도와드릴까요?

- Turista : Vorrei fare un viaggio nel sud Italia per le vacanze di Pasqua.
  관광객 : 부활절 연휴에 이탈리아 남부 여행을 하려고 합니다.

- Impiegata : Le interessa un viaggio individuale o di gruppo?
  직원 : 개별 여행과 단체 여행 중 어느 쪽에 관심 있으세요?

- Turista : Come è organizzato ciascun viaggio?
  관광객 : 각 여행은 어떻게 구성되어 있습니까?

- Impiegata : Se parte da solo, noi facciamo solo il servizio di prenotazione di alberghi e di biglietti di andata e ritorno. In questo caso le spese per i pasti e di trasporto interurbano sono a carico del viaggiatore. Se invece viaggia in gruppo, vi muovete insieme e tutte le relative spese sono incluse nella nostra tariffa.

직원 : 단독으로 떠나시면 저희는 호텔과 왕복티켓 예약만 해드립니다. 이 경우 식사와 시내 교통비는 각자 부담하시는 거죠. 단체로 가시면 모두 함께 움직이고 관련 제반 비용은 저희 가격에 포함되어 있습니다.

Turista : Ho capito. Preferisco il viaggio individuale. Mi piace muovermi da solo, indipendentemente.

관광객 : 그렇군요. 개별여행이 마음에 드네요. 혼자 독립적으로 움직이는 것이 좋습니다.

Impiegata : Vuole un preventivo? Partirà in aereo, vero?

직원 : 견적을 알려드릴까요? 비행기로 가시죠?

Turista : Sì, e un albergo di almeno due stelle.

관광객 : 네, 그리고 호텔은 적어도 별 두 개로요.

Impiegata : Allora, un biglietto andata e ritorno più tre notti in albergo fanno 400 euro.

직원 : 그러시면, 왕복 항공권에 호텔 3박4일 해서 400유로입니다.

Turista : Mmm... è molto più caro di quanto immaginavo. Vorrei pensarci un po'. Grazie!

관광객 : 음... 예상보다 많이 비싸군요. 생각을 좀 해봐야겠습니다. 감사합니다!

Impiegata : Non c'è problema. Arrivederci!

직원 : 네, 그러세요. 안녕히 가세요!

2. Prenotare un biglietto aereo

2. 항공권 예약하기

- Impiegato : Buongiorno. Posso esserLe utile?
  직원 : 안녕하세요. 제가 도와드릴까요?

- Viaggiatrice : Buongiorno. Sì, vorrei partire per Parigi questo sabato in mattinata. Posso prenotare un biglietto andata e ritorno?
  여행객 : 안녕하세요. 네, 파리에 가려구요, 토요일 오전에. 왕복 비행기표 예약할 수 있을까요?

- Impiegato : Certo. E quando vuole tornare?
  직원 : 물론입니다. 돌아오시는 건 언제로 원하십니까?

- Viaggiatrice : Domenica pomeriggio. Ci sto solo un giorno.
  여행객 : 일요일 오후입니다. 거기서 하루만 머뭅니다.

- Impiegato : Vediamo... Per questo fine settimana tutti i voli di Air France per Parigi sono pieni, ma Alitalia ha ancora dei posti disponibili.
  직원 : 잠시만요... 이번 주말의 모든 파리행 에어프랑스편이 만석이네요. 그러나 알리탈리아는 아직 자리가 있습니다.

- Viaggaitrice : Quando è la partenza e l'arrivo?
  여행객 : 출발과 도착 시간이 어떻게 되죠?

- Impiegato : C'è un volo che parte alle 8.15 sabato mattina e per tornare c'è questo delle 21.30 da Parigi, ora locale. Le vanno bene?
  직원 : 토요일 오전 8시15분 출발하는 항공편이 있고, 돌아오실 때는 파리에서 21시30분 비행기가 있습니다. 현지 시간으로요. 괜찮으세요?

- Viaggiatrice : L'ora di partenza va bene ma non c'è un altro volo di ritorno? Vorrei tornare più presto.
  여행객 : 출발 시간은 좋은데요, 돌아올 때 다른 비행기는 없나요? 좀 더 일찍 왔으면 하는데요.
- Impiegato : No, mi dispiace, tutti i voli di domenica pomeriggio sono già prenotati, non ci sono più posti disponibili.
  직원 : 네, 죄송합니다만, 일요일 오후의 모든 항공편이 다 예약이 돼 있어서 남은 자리가 없습니다.
- Viaggatrice : Va bene. Posso avere adesso il biglietto?
  여행객 : 알겠습니다. 지금 비행기표를 받을 수 있나요?
- Impiegato : No, Glielo consegneranno allo sportello della nostra agenzia all'aeroporto. Ma il pagamento deve farlo qui ora.
  직원 : 아니요, 공항에 있는 저희 여행사 창구에서 고객님께 드릴 겁니다. 그런데 결제는 지금 여기서 하셔야 합니다.
- Viaggiatrice : D'accordo. Quant'è?
  여행객 : 그럴께요. 얼마죠?
- Impiegato : Sono 300 euro comprese le tasse.
  직원 : 세금 포함해서 300유로입니다.
- Viaggiatrice : Sì. Ecco, pago con la carta di credito.
  여행객 : 네. 여기, 신용카드로 할께요.
- Impiegato : Ecco fatto, signorina. Grazie! Buon viaggio!
  직원 : 다 됐습니다. 감사합니다. 좋은 여행 되십시오.
- Viaggiatrice : Grazie, arrivederci!
  여행객 : 감사합니다. 안녕히 계세요!

구문 해설 및 문법 설명

1 **Chiedere informazioni su** : "~에 대하여 문의하다" 또는 "정보를 요청하다"라는 뜻을 가진 구문으로, 여기서 전치사 su는 은유적으로 "~에 대한/관한"의 의미로 쓰였다. 전화상으로 또는 직접 대면하여 정보를 구할 때 활용할 수 있는 대표적인 문형들을 예를 들면 다음과 같다.

1-1. Pronto? Buongiorno. Telefono per sapere se c'è lo sciopero degli autobus domani.
여보세요? 안녕하세요. 내일 버스 파업하는지 알고 싶어서 전화드립니다.

1-2. Vorrei un'informazione.
È vero che domani il centro sarà chiuso al traffico?
한 가지 문의드리려고 합니다. 내일 시내 교통 통제한다는 것이 사실입니까?

1-3. Volevo chiedere come si apre un conto corrente.
구좌 열려면 어떻게 하는지 여쭈어 보고자 합니다.

1-4. Avrei bisogno anche della mappa di Roma.
로마 지도도 필요할 것 같습니다.

1-5. Posso fare una domanda? Perché tutti i voli sono cancellati?
하나 여쭤봐도 되요? 왜 모든 항공편이 취소됐죠?

1-6. Devo informarmi bene di che cosa è fatto questo prodotto.
이 제품이 무엇으로 만들어졌는지 제가 잘 알아야 합니다.

2 **Prego, si accomodi** : 여기서 Prego는pregare 동사의 1인칭 단수 직설법 현재형이다. 직역하면 "제가 부탁드립니다"를 뜻하지만, 그보다는 감사의 말이나 사과의 말에 Prego하여 "천만에요", "별말씀을요"라고 응하고, 본문에서처럼 자리, 음료 등을 권할 때는 "어서, 자, 여기로" 등의 뜻으로 배려하는 표현이며, 상대방의 말을 잘 못 들었을 때 Prego? 하면 "네? (다시 한번 말씀해 주시겠어요?)"라는 뜻이다.
재귀동사 **si accomodi**의 원형은 accomodarsi (a + comodo + are + si)로, "스스로 몸을 편안하게 한다"는 1차적 의미를 갖고 있다. 대체로 sedersi, 즉 "앉다"와 동의어로 쓰이는데, 몸뿐만 아니라 마음도 어렵거나 불편하게 갖지 않는다는 뜻도 담겨있다.
한편, 버스에서 자리를 양보할 때는 의문문으로 Vuole venire a sedere? 라는 표현을 많이 쓴다.

3 **per le vacanze di Pasqua** : 부활절은 가톨릭 국가인 이탈리아에서 성탄절 (il Natale, 12월 25일) 다음으로 큰 명절이고, 휴가 일수로 따지면 평균적으로 8월 여름 휴가와 성탄절 다음으로 길다. 이탈리아의 주요 법정 휴일을 일별하면 다음과 같다.

- 1 gennaio / Capodanno : 새해 첫날
- 6 gennaio / Epifania : 주현절
- 25 aprile / Liberazione dal nazifascismo (1945) 해방기념일

- Lunedì di Pasqua : 부활절 다음 월요일
  (속칭 Pasquetta)
- 1 maggio / Festa del lavoro : 근로자의 날
- 2 giugno / Festa della Repubblica : 공화국기념일
- 15 agosto / Assunzione di Maria :
  성모승천일 (Ferragosto)
- 1 novembre / Ognissanti : 만성절
- 8 dicembre / Immacolata Concezione : 성수태일
- 25 dicembre / Natale (nascita di Gesù) : 성탄절
- 26 dicembre / Santo Stefano : 성 스테파노 축일

그리고 도시마다 각자 수호성인 (Santo patrono)의 축일을 도시와 관할 지역의 휴일로 정한다. 가령, 피렌체는 수호성인 세례요한 (San Giovanni Battista)의 축일인 6월24일을 공식 휴일로 삼는다. 또한 11월 첫째 일요일은 통일 기념일 (la festa dell'Unità nazionale)로 역시 공휴일이다. 그 밖에 2월의 사육제 (Carnevale)와 발렌타인 데이 (San Valentino), 미모사 (mimosa) 꽃으로 기념하는 3월8일 여성의 날 (Festa delle donne)과 크리스마스 이브 (vigilia di Natale), 그리고 최근 각광받는 할로윈 등은 공휴일이나 휴가 기간은 아니지만 사회적으로 많은 관심을 받는 기념일이다. 한편, ponte 즉, "다리"라고 부르는 연휴가 있는데 이것은 우리가 "샌드위치 연휴"라고 부르는 경우에 해당한다. 2014년 올해 이탈리아에는 5월 1일 노동절 목요일과 그 주말 사이의 금요일도 쉬는 ponte del primo maggio가 있다. 참고로 이탈리아에는 Natale con i tuoi, Pasqua con chi vuoi "성탄절은 가족과, 부활절은 원하는 사람과"라는 속담도 있다.

4 **Com'è organizzato** : 여기서 동사는 수동태(forma passiva)로 표현되었다. 조동사 essere가 시제를 담당하

고 본동사 organizzare는 과거분사로 만들어 어미를 주어의 성·수에 일치시킨다. 동사의 실질적인 동작 주체, 즉 행위자는 필요한 경우 전치사 da를 써서 연결한다. 가령, Il viaggio è stato organizzato dall'agenzia di viaggi라고 할 수 있다. 직원의 다음 대사 말미에 **tutte le relative spese sono incluse**와 두 번째 대화 중간의 **tutti i voli [...] sono già prenotati**도 행위자가 생략된 현재 시제의 수동태 문장이다.

5 **fanno 400 euro** : fare 는 여기서 "~가 되다, 이루다"를 의미한다. sono(값이 얼마이다, essere) 또는 vengono (얼마가 나가다, venire) 보다는 셈의 과정에 좀더 촛점이 맞춰진 것으로 볼 수 있다. 참고로, 4 + 4 = 8 은 이탈리아어로 "quattro più quattro fa otto"라 읽고, 17 – 12 = 5는 "diciassette meno dodici fa cinque", 3 x 2 = 6는 "tre per due fa sei", 136 ÷ 3 = 45,333333...은 "centotrentasei diviso per tre fa quarantacinque virgola tre tre...."라고 읽는다. 이들 4칙연산 (le quattro operazioni aritmetiche) 은 각각 addizione (덧셈), sottrazione (뺄셈), moltiplicazione (곱셈), divisione (나눗셈)이라고 불린다.

6 **è molto più caro di quanto immaginavo** : 이 우등비교 (comparativo di maggioranza) 구문에서는 400유로 견적과 관광객이 예측했던 만큼이 비교되고 있다. "예측했던 만큼"이란 주관적이고 아직 객관적 현재에 실현되지 않은 영역에 있으므로 접속법을 쓰거나 (più di quanto (io) immaginassi) 본문과 같이 좀더 구어체로 직설법 반과거 (imperfetto) 시제로 표현한다.

7 **Glielo** : 이것은 Gli + e + lo, 즉 간접목적대명사 Gli (당신

에게)와 접속사 e (그리고)와 직접목적대명사 lo (그것을)가 합쳐진 형태로 결합대명사 (pronome combinato)라고 부른다. 본문의 두 번째 대화에서 두 종류의 목적어를 모두 취하는 수여동사(verbo dativo)인 consegnare "제출하다, 전달하다"와 함께 쓰였다. Gli의 대문자는 이 간접목적대명사가 형태는 3인칭 단수이나 의미는 2인칭 단수 존칭임을 나타내기 위해서인데, 최근에는 어학 교재에서도 점차 사라지는 관행이므로 문맥을 통해 구별해야 한다.

결합대명사 – I pronomi combinati					
io	me lo	me la	me li	me le	me ne
tu	te lo	te la	te li	te le	te ne
lui/lei/Lei	glielo	gliela	glieli	gliele	gliene
noi	ce lo	ce la	ce li	ce le	ce ne
voi	ve lo	ve la	ve li	ve le	ve ne
loro	glielo	gliela	glieli	gliele	gliene

· Franco mi dà il libro. → Franco me lo dà.

· Guido ti ha già dato le foto. →
Guido te le ha già date.

· Luca ha presentato la sua ragazza ai suoi genitori. → Luca gliel'ha presentata.

* Luca ha presentato i suoi genitori alla sua ragazza. → Luca glieli ha presentati.
Quanto zucchero hai messo nel caffè?
Ce ne ho messo un cucchiaino.

8 여행사에서 유용한 질문과 대답 :

8-1. - Ha già un'idea precisa del tipo di viaggio che desidera fare?
어떤 종류의 여행을 원하시는지 구체적으로 생각하신 것이 있으세요?
- Vorrei fare il mio viaggio di nozze in Africa.
아프리카로 신혼여행을 가고 싶어요.

8-2. - Quali sono le spese non comprese nella vostra tariffa?
이 가격에 포함되지 않은 비용은 어떤 것들이 있습니까?

8-2. - Le spese extra sono i conti dei bar, dei taxi e di altri servizi opzionali a pagamento.
별도 비용은 카페 계산서나 택시비, 기타 유료 옵션 등입니다.

8-3. - Devo lasciare un acconto?
선금을 걸어야 되나요?

8-2. - Sì, di solito è il 20% del prezzo del biglietto. Ecco a Lei la ricevuta di acconto.
네, 통상 항공료의 20% 입니다. 여기 선금 영수증 받으십시오.

8-4. - Vorrei confermare la mia prenotazione, per favore.
예약 확인 부탁드립니다.
- È confermata per il 24 dicembre con partenza alle 17.45 e arrivo alle 21.20 ora locale.
12월 24일 17시45분 출발하셔서, 현지 시간 21시 20분에 도착하는 것으로 확인됐습니다.

8-5. - Sono costretto a cancellare la mia prenotazione. Posso chiedere il rimborso del biglietto?

예약을 부득이 취소하게 되었습니다. 표를 환불 요청할 수 있습니까?

- Sì, ma parzialmente. Solo il 70 per cento è rimborsabile.

네, 그러나 일부만 됩니다. 70%만 환불 받으실 수 있습니다.

직설법 반과거 – L'imperfetto indicativo

A. 활용형 :

	I. lavor - are	II. sap - ere	III. cap - ire	essere	avere
io	lavor – **avo**	sap – **evo**	cap – **ivo**	ero	avevo
tu	lavor – **avi**	sap – **evi**	cap – **ivi**	eri	avevi
lui/lei/Lei	lavor – **ava**	sap – **eva**	cap – **iva**	era	aveva
noi	lavor – **avamo**	sap – **evamo**	cap – **ivamo**	eravamo	avevamo
voi	lavor – **avate**	sap – **evate**	cap – **ivate**	eravate	avevate
loro	lavor – **avano**	sap – **evano**	cap – **ivano**	erano	avevano

fare	dire	bere	tradurre	dormire	andare
facevo	dicevo	bevevo	traducevo	dormivo	andavo
facevi	dicevi	bevevi	traducevi	dormivi	andavi
faceva	diceva	beveva	traduceva	dormiva	andava
facevamo	dicevamo	bevevamo	traducevamo	dormivamo	andavamo
facevate	dicevate	bevevate	traducevate	dormivate	andavate
facevano	dicevano	bevevano	traducevano	dormivano	andavano

용법 (& 근과거와 비교)

A. 과거의 한 시점에서 완료되지 않은 일 :

- Stamattina, quando sei arrivato, dormivo ancora.
- Ieri, mentre pranzavo, ascoltavo il giornale-radio.
- Aspettavo l'autobus da pochi minuti quando ho visto passare Giorgio.

B. 과거의 습관이나 일정 기간 동안 반복되었던 일 :

· Tutte le domeniche andavo a trovare i nonni.

· Di solito, mentre pranzavo, ascoltavo il giornale-radio.

* Ieri ho pranzato e poi ho ascoltato il giornale-radio.

C. 과거의 상황이나 상태 묘사(기상 상태, 신체적, 감정적, 등):

· La giornata era bella; splendeva il sole, ma faceva freddo.

· Carlo era alto e magro. Aveva i capelli e gli occhi scuri.

· Ero sempre contento di uscire con Lucia.

D. 두 가지 과거 중에서 진행 중이었던 일:

· Ho preso un'aspirina perché avevo la febbre.

· Laura mi ha detto che aspettava una telefonata da Paolo.

· Ho conosciuto Luca quando frequentavo l'università.

· Ieri, mentre pranzavo, ho ascoltato il giornale-radio.

Memo

Lezione 12

In albergo

호텔에서

1. Prendere una camera

1. 방 구하기

- Receptionist : Buona sera! Come posso aiutarLa?
  직원 : 안녕하세요! 어떻게 도와드릴까요?
- Viaggiatore : Avete una camera?
  여행객 : 방 있습니까?
- Receptionist : Vuole una camera singola o una doppia?
  직원 : 1인실을 원하십니까, 2인실을 원하십니까?
- Viaggiatore : Vorrei una doppia.
  여행객 : 2인실 주십시오.
- Receptionist : Solo per questa notte?
  직원 : 오늘 밤만 머무십니까?
- Viaggiatore : No, oggi e domani, due notti. Quanto viene?
  여행객 : 아니요, 오늘하고 내일 두 밤 잡니다. 얼마죠?
- Receptionist : Una doppia con la prima colazione per due notti viene 360 euro.
  직원 : 2인실에 아침 포함되어 있고 이틀 밤이면 360유로입니다.
- Viaggiatore : Va bene.
  여행객 : 좋습니다.

- Receptionist : Il Suo passaporto, prego?
  직원 : 손님 여권 주시겠어요?

- Viaggiatore : Sì, certo. Ecco a Lei.
  여행객 : 네, 여기 있습니다.

- Receptionist : Grazie. Questa è la chiave della Sua camera, numero 1304.
  직원 : 감사합니다. 이것은 손님 방 열쇠이고 1304호입니다.

- Viaggiatore : Grazie mille!
  여행객 : 고맙습니다.

- Receptionist : Grazie a Lei e buona serata!
  직원 : 감사합니다, 고객님. 좋은 저녁 시간 보내십시오.

- Viaggiatore : Ah, scusi, l'ascensore dov'è?
  여행객 : 아, 근데 엘리베이터가 어디 있죠?

- Receptionist : Di là, in fondo.
  직원 : 저쪽 끝에 있습니다.

- Viaggiatore : Perfetto. Grazie!
  여행객 : 그렇군요. 고맙습니다.

2. Chiedere il servizio in camera

2. 룸서비스 요청하기

Impiegato : (*Drin drin*) Servizio in camera, buona sera. Cosa posso fare per Lei?

직원 : (따르릉 따르릉)
룸서비스입니다. 안녕하세요. 무엇을 도와드릴까요?

Viaggiatrice : Buona sera. Qui è la camera 1304. Vorrei una bottiglia di spumante.

여행객 : 안녕하세요. 여기 1304호인데요, 스푸만테 한 병 부탁합니다.

Impiegato : Certo, signora. Ha qualche preferenza di marca?

직원 : 네, 부인. 특별히 선호하시는 브랜드가 있습니까?

Viaggiatrice : Non in particolare. Ne ha una da raccomandarmi?

여행객 : 딱히 없습니다. 하나 추천해 주시겠어요?

Impiegato : Sì, Le consiglierei il Berlucchi. È un ottimo spumante italiano.

직원 : 네, 베를루키를 권해드리지요.
아주 좋은 이탈리아 스푸만테입니다.

Viaggiatrice : Benissimo. Vorrei anche qualcosa da mangiare insieme. Uno stuzzichino.

여행객 : 좋아요. 그리고 같이 먹을 것도 좀 부탁합니다.
입맛 돋구는 용으로요.

Impiegato : Glielo porto subito, signora. Ha bisogno d'altro?

직원 : 바로 갖다드리겠습니다, 손님. 다른 필요한 것 있으십니까?

Viaggiatrice : Sì. Avrei bisogno di una guida e una mappa della Toscana. Ce le avete?

여행객 : 네. 토스카나 안내 책자와 지도가 좀 필요한데요. 있으세요?

Impiegato : Certo che sì. Gliele faccio portare subito.

직원 : 그럼요. 바로 보내드리겠습니다.

Viaggiatrice : Grazie! Ho qualche altra domanda. A che ora è servita la colazione?
E quanto si paga per vedere il canale dei film?

여행객 : 고맙습니다. 몇 가지 더 여쭤볼께요. 아침식사는 몇 시에 제공됩니까? 그리고 영화채널 보는 데는 얼마인가요?

Impiegato : La colazione è servita dalle 7 alle 10.30 nella grande sala al primo piano.
E per la Pay TV cinema, un film costa due euro a visione. Il canale è già collegato e la lista dei film appare automaticamente sullo schermo. Basta scegliere il titolo che desidera guardare.
Il pagamento può farlo tranquillamente al momento del check-out.

직원 : 아침식사는 2층 그랜드 홀에서 7시부터 10시30분까지 드실 수 있습니다. 그리고 유료 영화 채널은 한편 보시는데 2유로입니다. 채널은 이미 연결이 되어 있고, 영화 목록이 자동으로 화면에 나타납니다. 원하시는 영화제목을 선택하시기만 하면 됩니다. 비용은 천천히 퇴실 하실 때 지불하시면 되고요.

Viaggiatrice : Perfetto. Grazie mille!

여행객 : 완벽하네요. 대단히 감사합니다!

구문 해설 및 문법 설명

1 **In albergo** : albergo는 호텔 (Hotel)과 같은 말이고 alloggio (숙소, 거처)의 일종이면서, 때로 추상적이고 비유적으로 잠시 거하는 곳을 의미하는 단어이다 (p.e., il cuore è l'albergo dell'amore "마음은 사랑이 거하는 곳"). 동사형 albergare를 갖고 있고, 전문 분야로서 l'amministrazione alberghiera, 즉 "호텔경영"과 관련 전문 직업교육학교 la scuola alberghiera라는 용어가 쓰인다. 따라서 L'albergatore는 호텔업자, 호텔운영자로 번역할 수 있겠다.

한편, l'albergatore를 비롯하여 이렇게 정관사를 축약시켜 쓰는 단어들을 처음 귀로만 들으면 사전을 펴고 "L"로 가기가 쉽다. 일례로, 이탈리아인들에게 피렌체를 가로지르는 강의 이름을 물으면 L'Arno라고 말하지 Arno라고 하지 않는다. 그러나 l'Arno(아르노 강)에 대해 알고 싶으면 백과사전을 펴고 "A"로 가야한다.

참고로 다양한 종류의 숙소를 몇 가지 들어보면, residence, relais, motel, B&B (Bed and Breakfast) 등은 외래어로 굳어진 명칭으로, '레지던스'(영어), '를레'(프랑스어) 식으로 원어 발음을 따라 읽으며, 우리말로는 각각 "레지던스 호텔", "를레 (ex 역참) 호텔", "모텔", "베드 앤 브렉퍼스트"에 해당한다. 또한 유스호스텔은 이탈리아어로 l'ostello della gioventù 라 하고, la pensione는 우리가 펜션이라고 부르는 것과는 다른, 기본적으로 숙식을 모두 제공하는 하숙집 개념의 숙소이다.

2 **Receptionist** : la reception "(호텔 등의) 리셉션 데스크"과 함께 영어를 그대로 차용하여 쓰고 있는 외래어로, 둘 다 약간 이탈리아풍의 영어로 발음한다. 즉, /re's□p□on/ (레쎕쏜), /re's□p□onist/ (레쎕쑈니스트)라고 읽는다.
이탈리아어에 들어온 외래어를 읽고 이해하는 데 있어서 원어가 어느 나라 말인지, 어원이 혹시 비슷한 이탈리아 단어와 같은 라틴어에 있는지 아는 것도 큰 도움이 되지만, 어느 시기에 어떤 경로로 들어왔는지 추적해 보는 것도 매우 흥미로운 일이다. 어떤 외래어는, 가령 tunnel 같은 경우는 완전히 이탈리아식으로 발음 되는데 비해서, weekend는 원어에 충실하게 발음되고 있다. 이탈리아 학자들은 이 차이가 유입 시기와 경로가 다르기 때문이라고 설명하고 있다. 이 경우 이탈리아에서 영어의 대중적 인지도와 해당 단어가 속한 어휘 영역의 사회적 관심도가 이 두 단어의 발음법을 결정지었을 것이라고 보고 있다. 여기에 자국어 수호와 관련된 이탈리아 정부의 정책은 인위적 변수로 작용했을 수 있다. 사실 fine settimana는 weekend를 본따 만든 합성어이다.

3 **una doppia** : 물론 사이에 camera가 생략되었다. 정확히 말하면 la camera doppia는 2인실 중에서도 싱글 침대(letto singolo)가 두 개, 즉 트윈 배드가 있는 방이고, 더블 침대(il letto matrimoniale)가 있는 2인실은 la camera matrimoniale(더블룸)라고 부른다. 스위트룸은 suite라 쓰고 여성취급하며, 우리도 그렇듯이, 원어인 프랑스어에 충실하게 /swit/라고 발음한다. 3인실은 camera tripla, 4인실은 quadrupla라고 하는데, 이 때 'quàdrupla'의 강세에 주의한다.

4 호텔에서 유용한 질문과 대답 :

4-1. - Sto ricontrollando attentamente ma siamo veramente al completo. Mi dispiace.
재차 자세히 확인하고 있습니다만, 정말 저희는 빈 방이 없습니다. 죄송합니다.
- Capisco. Allora potrebbe suggerirmi un altro hotel simile al vostro in zona?
그렇군요. 그럼 근처에 여기와 비슷한 호텔을 알려주실 수 있습니까?

4-2. - Avrebbe una camera matrimoniale con un letto aggiunto dal 1 al 6 agosto?
8월 1일부터 6일까지 더블룸에 침대 하나 추가해서 가능할까요?
- Un attimo solo... Sì, ne abbiamo una disponibile giusto per Lei proprio in quel periodo.
잠시만요... 네, 마침 그 기간에 고객님께 딱 맞는 방이 하나 있습니다.

4-3. - Un'ultima informazione, scusi. Avete il garage?
마지막으로 한 가지 더 문의드릴께요. 차고가 있나요?
- No, signora, mi dispiace, ma ci sono due parcheggi qui vicino.
아니요, 손님, 죄송합니다. 하지만 근처에 주차장이 두 곳 있습니다.

4-4. - Scusi, è possibile portare animali?
저 혹시 동물 데리고 가도 되나요?
- Sì, nel nostro albergo sono ammessi i cani e i gatti.
네, 저희 호텔에는 개와 고양이 출입이 가능합니다.

4-5. - Buona sera. Chiamo dalla camera 118. Avrei un problema. Nel bagno c'è la doccia (l'aria condizionata, il riscaldamento, la connessione wi-fi, ecc.) che non funziona.
안녕하세요. 118 호에서 겁니다. 문제가 생겨서요. 욕실에 샤워기 (에어컨, 난방기, 와이파이 연결, 등) 가 작동되지 않습니다.
- Verrà subito qualcuno da Lei a controllare.
곧 점검할 사람이 갈 것입니다.

4-6. - Come posso arrivare al vostro albergo dall'aeroporto?
공항에서 그 쪽 호텔까지 어떻게 갑니까?
- Può usufruire del servizio navetta fra il nostro albergo e l'aeroporto.
저희 호텔의 공항 셔틀버스를 이용하시면 됩니다.

5 **Lo spumante & gli stuzzichini** : lo spumante는 il vino spumante(스파클링 와인)가 정식 명칭이고, 동사 spumare (거품을 내다)의 현재분사 (spum+ante, 거품을 내는)가 명사로 굳어진 형태이다. 이탈리아에서는 프랑스의 스파클링 와인인 샴페인 (champagne)과 엄격히 구별해서 부르고 있으며, 최근 우리나라에서도 점차 스푸만테로 명칭과 생산지 인식이 확대되고 있다. 이탈리아의 주요 스푸만테 생산지는 북부지방에 집중되어 있다. 라벨을 앞뒤로 유심히 살펴보면 지역과 품종과 브랜드 와이너리는 기본으로 명시되어 있고, 어떤 음식과 잘 어울리는 지 친절한 설명이 곁들여져 있는 경우도 볼 수 있다. 또한 brut /fr. bryt/(it. secco), dolce 등의 표기는 당도와 관련된 구분이고, rosé (fr.)는 이탈리아어로 rosato 라고도 쓰는데, 로제 스푸만테의 엷은 장밋빛을 일컫는 말이다.

Gli stuzzichini는 달콤하거나 짭짤한 가벼운 스낵 안주라고 설명할 수 있겠다. 최근 우리나라에 파티문화가 널리 퍼지면서 트랜드가 된 핑거푸드나 전통적으로 와인과 곁들이는 (abbinamento) 치즈, 올리브, 비스켓 등도 여기에 포함된다.

6 **si paga** : 앞서 10과에서 날씨를 이야기할 때 비인칭으로 동사 fare나 essere, piovere(비가 오다), nevicare(눈이 오다) 등의 3인칭 단수형을 사용한다고 말한 바 있다. 본문의 si paga도 비인칭 구문인데 여기서는 si가 동사 앞 주어 자리에 있다. 이 때 si를 비인칭 주어 (si impersonale) 라 하고 특별한 의미보다는 불특정 사람들을 일반적으로 가리킨다. 따라서 동사는 3인칭 단수형태를 기본으로 하고, 타동사가 복수 직접목적어를 동반하면 3인칭 복수형을 쓴다. 가령, In quel ristorante si mangia bene "그 레스토랑에서 (사람들은) 잘 (좋은 음식을) 먹는다", In quel ristorante si mangiano buonissimi spaghetti alle vongole "그 레스토랑에서 (사람들은) 아주 맛있는 모시조개 스파게티를 먹는다/먹을 수 있다"라고 한다.

7 **al primo piano** : 이탈리아에서 건물의 첫 번째 층은 우리식으로 하면 2층이다. 우리의 1층은 이탈리아식으로 하면 pianterreno/pianoterra, 즉 "지상층"이 되고, 엘리베이터에서 'T', 또는 경우에 따라 숫자 '0' (zero)으로 표시되어 있다. 참고로 반지하층은 mezzanino 또는 seminterrato, 지붕밑 다락방은 soffitta 또는 mansarda, 옥탑방은 attico라고 하는데 이탈리아에서는 규모가 작아도 대부분 경치가 좋고 집세도 가장 비싼 럭셔리 주거 공간인 경우가 많다.

8 **due euro a visione** : 전치사 a의 용법 중에 "매 ~마다"의 어구를 만드는 기능이 있다. 예를 들어, "하룻밤에 한 사람

당 90유로"는 90 euro a notte a persona라고 한다. "페라리가 시속 320킬로미터로 달릴 수 있다"면 Una Ferrari può correre a 320 chilometri orari 또는 320km all'ora라고 한다 (이 경우 전치사 없이 정관사만 써서 320km l'ora도 가능하다). 여기서 "~의 속도로"라는 표현에도 역시 전치사 a가 사용됨을 알 수 있다. "집세로 월 450유로 낸다" 역시 Pago per l'affitto 450 euro al mese라고 한다. 단순형이든 정관사와 결합된 형태이든 이러한 용법의 a는 ogni와 바꿔 쓸 수도 있다. 참고로 "셔틀버스는 얼마마다 있습니까/출발합니까?"라고 묻고 싶다면 Ogni quanto c'è/parte la navetta?라 하고 이에 대해 La navetta parte ogni mezz'ora "셔틀버스는 매 30분마다 출발합니다"라는 답변을 들을 수 있다.

9 Basta scegliere : 동사 bastare는 "충분하다"라는 뜻이다. 본문에서처럼 주어로 동사원형이나 명사가 오기도 하고 che가 이끄는 절이 오기도 한다. 이 때 절의 동사는 행위가 어떤 조건을 충족시키기 전의 가능 영역에 있으므로 접속법을 써야한다 (p.e.: Basta che (Lei) scelga un titolo). 이 동사의 충분하다는 의미는 이 경우에 "~하기만 하면 된다"는 필요조건으로 기울게 된다. 요리법에 종종 등장하는 q.b. 은 quanto basta의 약자인데, 주로 소금, 후추같은 기호 양념의 양을 요리자의 재량에 맡긴다는 표시이다. 이 때에도 해석은 "충분하게"보다는 "필요한 만큼"이 더 적절하다.
Siena 출신 가수 Gianna Nannini의 노래 가사 중 'Tu non mi basti mai'라는 구절이 있다. 누군가에게서 이런 말을 듣는다면 그는 매우 행복한 사람일 것이다. 이 말은 "너는 내게 결코 충분하지 않"거나 "나는 너로 충분하지 않다", 또는 "너는 나를 결코 채워줄 수 없어"의 의미가 아니라 "나는 항상 너를 원한다, 네가 늘 필요하고 그립다"는 뜻이다.

10 이탈리아어 기초 의문문 몇 가지를 나열해 보면 다음과 같다.

10-1. Come si dice in italiano?
이탈리아어로 어떻게 말합니까?

10-2. Cosa vuol dire questa parola?
이 단어는 무슨 뜻입니까?

10-3. Come si chiama questo?
이것을 뭐라고 부릅니까?

10-4. Come si scrive in italiano?
이탈리아어로 어떻게 씁니까?

10-5. Melo potrebbe scrivere qui, per favore?
여기 써 주시겠어요?

10-6. Può ripetere per favore?
다시 한번 말씀해 주시겠어요?

10-7. Come si pronuncia questa parola?
이 단어를 어떻게 발음합니까?

10-8. Come si legge questo?
이것을 어떻게 읽지요?

10-9. Come si traduce?
어떻게 번역합니까?

10-10. Come ha detto scusi?
실례지만 뭐라고 말씀하셨습니까?

10-11. Può parlare più lentamente?
좀더 천천히 말씀해주시겠습니까?

로마숫자 – I numeri romani

A. 활용형 :

I	1	XVII	17	LX	60
II	2	XVIII	18	LXX	70
III	3	XIX	19	LXXX	80
IV	4	XX	20	XC	90
V	5	XL	40	C	100
VI	6	XLI	41	CC	200
VII	7	XLII	42	CCC	300
VIII	8	XLIII	43	CD	400
IX	9	XLIV	44	D	500
X	10	XLV	45	DC	600
XI	11	XLVI	46	DCC	700
XII	12	XLVII	47	DCCC	800
XIII	13	XLVIII	48	CM	900
XIV	14	XLIX	49	M	1000
XV	15	IL	49	MM	2000
XVI	16	L	50		

Es. · 1492년 MCDXCII, 2014년 MMXIV, 기원전 3세기 III secolo a.C., 기원후 5세기 V sec. d.C.

Lezione 13

All'aeroporto

공항에서

1. Al banco di accettazione

1. 탑승 수속대에서

Impiegato : Buongiorno. Dov' è diretta, signorina?

직원 : 안녕하세요! 어디 가십니까, 아가씨?

Signorina : A Firenze, via Roma.

아가씨 : 피렌체 갑니다, 로마 경유해서.

Impiegato : Può mettere i Suoi bagagli sulla bilancia, per favore? E mi dia il Suo biglietto e il Suo passaporto, prego.

직원 : 짐을 저울에 올려 놓으시겠습니까? 그리고 표과 여권 주십시오.

Signorina : Sì, certo. Eccoli.

아가씨 : 그렇죠. 여기 있습니다.

Impiegato : Sono 25 chili in tutto, signorina. Non è consentito portare più di 20 chili a persona. Deve togliere qualcosa o deve pagare il supplemento.

직원 : 전부 25킬로인데요, 손님. 한 분당 20킬로 이상 가져가시는 것은 허용되지 않습니다. 뭔가 덜어내시든지 추가운임을 지불하셔야 합니다.

Signorina : Davvero? Ma all'agenzia di viaggi mi hanno detto che era possibile portare fino a 25 chili. Invece non è vero?

아가씨 : 그래요? 여행사에서는 제게 25킬로까지 가져갈 수 있다고 했습니다. 근데 아닌가요?

Impiegato : No, signorina, mi dispiace, Le hanno dato un'informazione sbagliata, o c'è stato forse un equivoco. Così prevede il regolamento sul trasporto dei bagagli.

직원 : 아닌데요, 아가씨, 안타깝습니다만, 손님께 잘못된 정보를 드렸네요. 아니면 뭔가 전달이 잘못 되었든지요. 수하물 운송 규정이 그렇게 하도록 돼 있습니다.

Signorina : Quanto è il supplemento da pagare per ogni chilo in più?

아가씨 : 초과 킬로당 내야되는 추가운임이 얼마인가요?

Impiegato : 7 euro. Quindi in tutto sono 35 euro. Deve andare a pagare a quello sportello là.

직원 : 7유로입니다. 그러니까 총 35유로네요.
저기 저 창구에 가셔서 내시면 됩니다.

Signorina : Uh.. sono troppi... Porterò questo più piccolo come bagaglio a mano.

아가씨 : 후... 너무 비싸군요... 이 작은 짐을 기내용으로 가져갈께요.

Impiegato : Allora sono... 19 chili. Ecco a Lei il passaporto e il biglietto. Tenga con cura questa carta d'imbarco. L'uscita è la numero F06, il Suo posto è il 39B.

Buon viaggio!

직원 : 그러시면... 19킬로입니다. 여권과 표 받으세요. 이 탑승권을 잘 지니십시오. 출구 번호는 F06, 손님 좌석은 39B번입니다. 좋은 여행 되십시오.

Signorina : Grazie!

아가씨 : 감사합니다!

Impiegato : Prego, signorina. Arrivederci!

직원 : 안녕히 가세요!

2. Al controllo passaporti e alla dogana

2. 여권 검사와 세관

Agente : Buona sera. Il passaporto, prego. Ha qualcosa da dichiarare?

세관원 : 안녕하세요. 여권 주십시오. 신고하실 것 있으십니까?

Signorina : No, non ho niente da dichiarare.

아가씨 : 아니요, 없습니다.

Agente : Va bene. Qual è il motivo del Suo viaggio?

세관원 : 좋습니다. 여행 목적은 무엇입니까?

Signorina : Sono qui per studiare l'italiano. Sono studente.

아가씨 : 이탈리아어를 공부하러 왔습니다. 학생입니다.

Agente : Dove e per quanto tempo pensa di fermarsi?

세관원 : 어디에서 얼마 동안 머무르실 예정입니까?

Signorina : Nella casa dello studente dell'Università di Firenze. Sono iscritta al corso estivo di lingua italiana presso l'ateneo.

아가씨 : 피렌체 대학 기숙사에 머물겁니다. 그 대학 여름 이탈리아어 과정에 등록했거든요.

- Agente : Posso controllare la Sua borsa?
  세관원 : 가방 검사해도 되겠습니까?

- Signoria : Sì, certo. Faccia pure.
  아가씨 : 네, 물론. 하셔도 됩니다.

- Agente : Questo che cos'è? A che servono queste compresse?
  세관원 : 이것이 무엇입니까? 이 알약들은 어디에 쓰이는 거죠?

- Signorina : Ah, sono le medicine per il mio raffreddore.
  아가씨 : 아, 그건 제 감기약입니다.

(dopo che ha ispezionato la borsa)
(가방 검색 후)

- Agente : Grazie mille. Ecco il Suo passaporto. Benvenuta in Italia!
  세관원 : 감사합니다. 여기 여권 받으십시오. 이탈리아에 잘 오셨습니다.

- Signorina : Grazie! Arrivederci!
  아가씨 : 고맙습니다. 안녕히계세요.

구문 해설 및 문법 설명

1 **All'aeroporto** : 여행사나 호텔과 마찬가지로 공항 역시 짧은 대화가 짧은 시간 동안 반복적으로 이루어지는 곳이다. 아무 문제없이 일처리가 진행되는 것이 정상이고 그러한 대부분의 경우 상대방과 전혀 대화가 필요하지 않을 수도 있다. 그러나 서류가 곧 사람일 수 없고 일을 진행시키는 것도 결국 사람이기 때문에, 눈 마주치며 인사하고 직원의 명찰에 새겨진 이름도 한번 보고 표에 다 적혀 있더라도 변동 사항이 있을 수 있으므로 업무가 지체되지 않는 범위 내에서 매너있게 직접 구두로 다시 한번 확인한다면, 어떤 문제는 미리 예방할 수 있고 어떤 문제는 발생했을 때 예기치 않은 도움을 받을 수도 있다. 실용 이탈리아어란 무엇보다도 사람과 교양에 관련된 것이다.

l'aeroporto는 aero- (공기의) + porto(항구)로 된 합성어(composto)이다. 'l'aereoporto'라고 하지 않도록 주의한다. 둘다 l'aria(공기)의 형용사형이지만 접두사(prefisso)로 쓰일 때는 aero- 형을 쓴다. "비행기" l'aeroplano의 경우도 마찬가지다. 단, -plano (etimo: 평평한, 납작한, 수평 비행)를 생략하여 줄여서 쓸 때는 l'aereo가 맞다 (p.e.: Quando vado in Italia, prendo l'aereo). "항공 노선"은 le linee aeree, "항공사"는 le compagnie aeree, 항공우편물에는 per via aerea라고 쓴다.

참고로 가정용 살충제의 광고나 제품 뒷면에 보면 aerare il locale prima di soggiornarvi "(제품을 어떤 공간에 분사하고 나서 다시 들어가) 머물기 전에 그 장소를 환기시키시오"라고 써 있다. 물론 여기서 vi는 앞에 나온 il locale를 가리키는 장소 대명사(pronome locativo)이다.

2 **i Suoi bagagli** : bagaglio는 여행자가 가지고 다니는 짐, 즉 수하물을 통칭하는 말로 트렁크(valigia), 배낭(zaino), 가방(borsa), 또는 박스(scatola) 등도 포함한다. 체크인 카운터(banco di accettazione)에서 보딩패스(carta d'imbarco)를 발행하고 비행기표를 다시 돌려 줄 때, 그 뒷면에 대개 수하물표(ricevuta/scontrino bagaglio)를 붙여 준다. 화물 운송 관점에서는 한 덩어리의 짐을 collo라고 부른다 (p.e.: Quanti colli ha da spedire via mare? "배로 부치실 짐이 몇 개입니까?").
전통적으로 이탈리아 사람들은 인성 형성에 있어서 여행을 매우 중요시 하여, bagaglio와 bagaglio의 대표 격인 valigia는 떠날 때 품는 낭만이나 용기 뿐만 아니라 늘 순탄하지만은 않은 과정의 체험, 그리고 돌아와서의 변화까지 모든 관련된 지식과 경험을 담고 있는 상징물로 여겨지고 있다. Il bagaglio culturale, di studi, di esperienza, di conoscenza 등의 표현은 바로 이러한 사고방식에서 나온다.
한편, *La valigia dei sogni* (꿈이 담긴 여행가방, 1953)라는 루이지 코멘치니(Luigi Comencini, 1916~2007)감독의 영화 제목은 영화보다 더 성공하여, 이후 TV 프로그램이나 여행사 이름 등으로 오마주(it. omaggio)를 받고 있다.

3 **forse c'è stato un equivoco** : equivoco는 "오해"라는 뜻이다. 서로 다른 것이 equi "같은" + voco "목소리"를 냈기 때문이다. 동음이의어(omonimo)와 같은 이치다. 형용사로는 ambiguo "중의적인, 애매 모호한"과 비슷한말(sinonimo)이고, 명사로는 malinteso (male + inteso)와

바꿔 쓸 수 있다 (p.e.: C'è stato un malinteso tra me e l' agenzia di viaggi). 당사자에게는 사실무근인 어떤 일이나 말에 대해서 그것의 '동음이의어'가 있을 가능성을 고려하는 이 표현에는 신중함과 상대방에 대한 인격적 존중이 담겨 있다.

4 **prevede il regolamento** : 주어가 길어서 동사 뒤에 놓였다. regolamento는 동사 regolare의 regol-a- 에 어미 –mento가 붙어서 만들어진 명사이다. 2, 3군 동사(-ere, -ire)의 경우 -i- + –mento를 따른다 (p.e.: ricevere > ricevimento, sentire > sentimento). 즉, 동사의 구체적 의미를 추상화하는 어미인데, il regolamento "규정"과 la regola "규칙"의 차이도 같은 맥락해서 이해될 수 있다.
관련 규정이 prevede (pre "미리" + vedere)한다는 것은, 말장난 같지만, 어떤 사안에 대해 미리(혹은 사후) 고려한 관련 규정이 마련되어 있다는 뜻이다.
동사의 의미에 더욱 충실한 명사형을 만드는 어미 –zione/–sione 와 비교하면서, 미묘하나 용법에서 분명히 드러나는 차이를 익히고 구별하여 사용할 필요가 있다. la regolazione는 "조절, 조정, 규제, 통제" 등을 뜻한다 (p.e.: la regolazione della temperatura "온도 조절").

5 **dia, Tenga, Faccia** : 각각 dare, tenere, fare의 2인칭 단수 존칭(Lei) 명령형(imperativo)이다. Faccia는 본문의 두 번째 대화에 나오는데, pure를 동반하고 있다. 여기서 pure는 "어서, 주저말고"의 뜻으로, 명령형에 동의와 권유의 의미를 더해주고 있다. 음식 퓌레(it. il purè)와 강세 위치를 구별하여 발음하여 혼동하지 않도록 한다.

6 **motivi di viaggio**에는 motivi di studio, ricerca, lavoro, religiosi, d'invito, diplomatico, turismo, volontariato 등등이 있는데, 이러한 용어들은 비자(il visto) 및 현지 체류허가증(il permesso di soggiorno) 발급 시에도 통용된다. 일상어와 전문용어 사이에 있는 각종 양식의 기입 항목 용어들에도 관심을 가질 필요가 있다.

7 **l'ateneo**는 l'università "대학교"의 다른 말이다. 단어를 보고 있으면 그리스의 수도 아테네(it. Atene)와 그리스 신화의 아테나(it. Atena) 여신이 떠오르는데, 이 말의 어원은 "아테나 여신의 신전 또는 성소"라는 뜻을 갖고 있다. 널리 잘 알다시피 아테나(=Minerva)는 지혜(la sapienza)의 여신이다. 그리고 좀더 직접적인 기원으로 l'ateneo는 고대 로마제국 시대 하드리아누스(Publio Elio Adriano, 76~138) 황제가 세운, 철학(filosofia), 언어미학(retorica), 문법(grammatica), 법학 (giurisprudenza)을 가르치는 고등 교육 기관의 명칭이었다.

8 **queste compresse** : compresse는 compressa의 복수형으로 "(가루가 압축된) 알약"을 일컫는다. 동사 comprimere "압축하다"의 과거분사(participio passato) compresso의 여성단수형에서 왔다. 그런데 구체적이고 전문적인 제조 방식과 별개로 "알약"이라는 뜻으로 사용되는 단어는 여러가지가 있다. compresse는 주로 약 포장 상자와 설명서에 명시되어 있고, 일상에서는 pillola나 pastiglia를 더 많이 쓴다. 흔히 듣게 되는 pasticche(sing. pasticca)는 pastiglie의 속칭으로 알약 뿐만 아니라 간혹 사탕, 캐러멜 등도 통칭하는 말이다.

9 공항에서 유용한 표현 :

9-1. Mi scusi, questa è la fila per la classe economica?
실례합니다. 이것이 이코노미석(탑승 수속)을 위한 줄입니까?

9-2. Ho un bagaglio da imbarcare (= da stiva) e uno a mano.
제 짐은 부칠 것 하나와 기내용 하나가 있습니다.

9-3. Quali sono le dimensioni e il peso massimo di un bagaglio a mano?
기내용 짐의 크기와 최대 무게는 어떻게 됩니까?

9-4. Mi potrebbe dare un posto vicino al finestrino (/lato corridoio)?
창문 쪽(/복도 쪽) 자리로 주시겠어요?

9-5. Quanto tempo ci vuole dai controlli di sicurezza per arrivare all'uscita d'imbarco F06?
검색대에서 게이트 F06까지 시간이 얼마나 걸립니까?

9-6. Il Suo volo verrà chiamato tra un'ora circa.
손님(이 타실) 비행기는 약 한 시간 후에 (탑승 시작) 방송이 나올 것입니다.

9-7. Il mio bagaglio non è arrivato (/la mia valigia è stata danneggiata). Dove posso rivolgermi?
제 짐이 도착을 안했습니다 (제 트렁크가 파손됐습니다). 어디에 가서 얘기해야 됩니까?

9-8. Dove si trova l'ufficio informazioni turistiche?
관광 안내소가 어디에 있습니까?

10 유용한 이탈리아어 웹사이트 :

10-1. italiano.rai.it : *Il portale di RAI Educational per l' apprendimento della lingua italiana e dei valori civici* (이탈리아어 포털 사이트)

10-2. italica.rai.it : *Il sito dedicato alla lingua e alla cultura italiana di Rai Internazionale* (언어・문화 전반)

10-3. radio3.it > Ad alta voce > Archivio
또는 adaltavoce.rai.it (오디오북)

11 직함 약자 :

sig.ra / sig.re	signora / signore	기혼 여성
sig. / sigg.	signore / signori	신사
sig.na / sig.ne	signorina / signorine	미혼 여성
prof. / proff.	professore / professori	교수
prof.ssa	professoressa	여교수
dott. / dr. / dott.ssa	dottore (medicina) / (d'altri campi) / dottoressa	의사 / 박사
avv.	avvocato	변호사
ing. / ingg.	ingegnere / ingegneri	공학 엔지니어
on. / onn.	onorevole / onorevoli	국회의원
rag.	ragioniere	회계사
rev.	reverendo	목사
chiar.mo	chiarissimo	대학교수
arch.	architetto	건축가
mons.	monsignore	주교 이상 고위 성직자
gent.mo	gentilissimo	귀하
s. / ss.	san, santo / santi, santissimo	기독교 성인
Sua Altezza / Altezza Reale / Altezza Imperiale		군주, 왕, 황제
Sua Eminenza		추기경

Lezione 14

Presentare la propria famiglia

자기 가족 소개하기

- Ciao! Mi chiamo Oh Sujeong. Sono sudcoreana. Sono in Italia soltanto da una settimana, perciò ancora non conosco molto bene la città. Sono al primo anno del corso di laurea in Traduzione e Interpretazione in Italiano, all'Università Hankuk di Studi Stranieri. Dopo la laurea, vorrei fare la giornalista. Mi piacerebbe lavorare in Italia come corrispondente o come inviata e scrivere articoli su tutte le cose che riguardano l'Italia. Insomma vorrei fare da "ponte" tra l'Italia e la Corea. Studio per realizzare questo sogno.

  안녕! 내 이름은 오수정. 한국사람이야, 남한. 이탈리아 온 지 일주일밖에 안 됐어. 그래서 이 도시를 아직 잘 몰라. 나는 한국외국어대학교 이탈리아어통번역학과 1학년이야. 졸업하면 기자가 되고 싶어. 이탈리아에서 통신원이나 특파원으로 일하면서 이탈리아에 관련된 모든 것들에 대한 기사를 쓰고 싶거든. 그러니까 한국과 이탈리아 사이의 "가교"같은 역할을 하고자 해. 이 꿈을 이루기 위해 공부하고 있어

- Nella mia famiglia ci sono cinque persone: i miei genitori, un fratello maggiore, una sorella più piccola ed io. I miei gestiscono un supermercato. Lavorano fino a tardi per mantenere la famiglia. Sono sempre indaffarati, come tutti i genitori.

  우리 가족은 다섯 명이야. 부모님, 오빠, 여동생 그리고 나. 부모님을 수퍼마켓을 운영하셔. 가족을 뒷바라지 하시려고 늦게까지 일하시고. 항상 일이 많으시지, 모든 부모님들이 다 그렇듯이.

- Mio fratello sta facendo il servizio militare. La penisola coreana è divisa in due: c' il Sud capitalista e il Nord è comunista, per cui quasi tutti gli uomini del Sud sono obbligati a fare il servizio militare per circa due anni. A mio fratello manca ancora più di un anno e mezzo.
  오빠는 군 복무 중이야. 한반도는 자본주의 남한과 공산주의 북한으로 분단되어 있어서, 거의 모든 남한의 남자들은 약 2년 동안 의무적으로 군 복무를 해야 해. 오빠는 아직 일년 반 넘게 남았어.

- Mia sorella ha due anni meno di me. Fa la seconda superiore. Come molti suoi coetanei non ha tempo di fare altro che studiare perché la cosa più importante per lei è entrare all'università fra due anni.
  내 여동생은 나보다 두 살 아래야. 고등학교 2학년 다니고 있고, 그 애 동년배들처럼 공부말고는 다른 걸 할 시간이 없어. 그 애한테 제일 중요한 건 2년 후에 대학에 들어가는 거거든.

- Sono molto contenta di conoscere tutti voi.
  너희들 알게 돼서 무척 기쁘다.

구문 해설 및 문법 설명

1 **del Sud** : 우리나라의 공식 이탈리아어 국명은 la Repubblica di Corea이다. 북한은 la Repubblica Democratica Popolare di Corea이다. 그런데 이보다 더 공식적으로도 많이 쓰이는 명칭이 la Corea del Sud와 la Corea del Nord이다. 우편물에도 반드시 Corea del Sud라고 써야 북한으로 잘못 갈 염려가 없다. 공산당과 사회당이 있는 이탈리아는 북한과도 2000년부터 수교를 맺고 있다. "남한의" sudcoreano, "북한의" nordcoreano라고 하여 형용사형도 있으나 국적을 말할 때는 잘 쓰지 않는다. 어느 나라에서 왔는지 묻는 질문에 한국 사람이라고 하면 대부분의 외국인들은 남쪽인지 북쪽인지를 묻는데, 처음부터 남한에서 왔다고 하려면 Sono della Corea del Sud라고 한다.

2 **la laurea**는 원래 승리한 황제나 저명한 시인이 머리에 두르던 월계수(alloro) 잎으로 만든 관이었다. 이 관을 수여받은 시인을 계관시인(poeta laureato)이라고 불렀다. 현대에는 보통 학사 학위를 가리키는데, 엄밀히 말하면 학사 학위는 laurea breve 또는 triennale (3년 과정), 석사 학위는 laurea specialistica로 구별된다. "(학사, 석사 과정을) 졸업하다, (학사, 석사) 학위를 따다"라는 동사는 재귀동사 laurearsi로 말한다. 그리고 졸업시험을 준비 중이거나 논문을 쓰고 있는 등, 졸업을 앞두고 있다면 "졸업예정자", 즉 laureando(학사과정) 또는 specializzando (석

사과정)라고 부른다. 이 두 단어는 이탈리아어의 제룬디오처럼 -ando 형태를 띠고 있지만 사실 라틴어 제룬디보(gerundivo)의 흔적이다(p.e.: Io sono laureando. Mi laureo l'anno prossimo a febbraio. "저는 졸업예정자입니다. 내년 2월에 졸업합니다"). 제룬디보는 "~할 사람/사물, ~해야 할 사람/일"이라는 의미였고, 성·수와 격에 따라 어미활용을 했었다. Amanda, Miranda같은 사람 이름도 제룬디보의 여성단수형으로, (una persona) da amare, da mirare의 뜻을 갖고 있다. 참고로 명예학위는 라틴어로 laurea ad honorem 또는 laurea honoris causa라고 한다.

3 **fare da "ponte"** : 여기서 전치사 da는 avere (cose) da fare나 fare (qualcosa) da mangiare의 경우와는 다른 의미로, fare와 함께 쓰여서 어떤 "역할ruolo, 기능funzione을 한다"는 숙어이다(p.e.: Lui mi fa da fratello maggiore. "그는 내게 형의 역할을 해준다").

4 **indaffarati** : 이 단어(parola)는 da fare(할 일)가 합쳐져 굳어진 명사 il daffare(할일, 일거리)에서 파생된 형용사로, 할일이 많아 분주한 모습을 나타낸다. 비슷한말로 affaccendato가 있는데, 이 역시 da fare를 뜻하는 faccenda, 즉 fare 동사의 라틴어 제룬디보(lat. facienda)에 어원을 두고 있다.

5 **il servizio militare** : 또는 la leva(징집, 병역)라고도 한다. 우리나라는 il servizio militare obbligatorio "의무 군복무"제도를 실시하고 있다. 유용한 표현으로 지원병제 il servizio militare volontario, 육군 l'esercito(le forze terrestri), 해군 la marina militare, 공군 l'aeronautica

이라고 하며 공병을 genio라 부르는 것이 흥미롭다(p.e.: genio navale, genio aeronautico, ecc.). 또한 육해공군 병역을 Leva di terra, di mare, dell'aria으로 표현할 수 있다.

6 **la penisola coreana è** : 미국의 제35대 대통령 케네디(John Fitzgerald Kennedy, 1917~1963)의 영부인 재클린 케네디(Jacqueline Kennedy Onassis, 1929~1994)는 어떤 질문에도 대답할 수 있도록 항상 모든 사안에 대하여 자신의 생각을 조리있게 정리하여 준비해 두었다고 한다. 비단 그만의 미덕은 아니며 '준비된 답변'이 늘 신뢰감을 주는 것도 아니지만, 여기서 초점은 여러가지 사회 현상들에 관심을 갖고 그에 대한 자신의 의견을 조리있게 말하기 위해서 생각을 정리하는 습관에 있다. 이것은 사실 쉬운 일이 아니다. 생각이 머릿속에 글자로 존재하는 것 같지만 막상 언어로 완성도 높게 표현하려면 훈련이 필요하기 때문이다. 모국어로 표현할 수 없다면 후천적으로 습득한 외국어로도 표현이 제대로 될 리 없다는 것은 말할 것도 없다. 철학자 비트겐슈타인(Ludwig Wittgenstein, 1889~1951)은 이렇게 말했다 : I limiti del mio linguaggio costituiscono i limiti del mio mondo "내 언어의 한계가 곧 내 세계의 한계다". 자신의 관심 분야가 아니더라도 사회 공동체에게 중요한 현안(이념 갈등, 독도, 인권문제 등)이나 역사적 사건 (한국전쟁, 한글 창제, 최초의 금속활자 등), 특히 우리나라에 대한 기본적인 지식은 이탈리아어로도 알고 있으면 교류할 것이 많아져 대화가 풍요로워진다. 우리나라에 관한 일을 이탈리아 언론이 어떻게 보도하는지, 우리 정부는 우리나라를 외국에 어떻게 소개하는 지 등등 여러 관점에서 나온 자료들을 비교해 보고 판단하는 것은 하나의 방법이 될 수 있겠다.

7 **per cui** : 앞서 4과에서 관계대명사 che에 대해 간략히 언급한 바 있다. che는 주격이나 직접목적격의 사람 및 사물 선행사를 모두 취할 수 있다. 그런데 관계절의 동사가 선행사에 대하여 전치사를 필요로 하는 경우에는 해당 전치사 + cui를 써야 한다. 가령, Questo è il famoso ristorante di cui ti ho parlato tanto. "여기가 내가 네게 많이 얘기했던 그 유명한 레스토랑이야". 그런데 구어체에서 per cui는 접속사 perciò "그래서, 그리하여, 그러므로" 의 동의어나 다름없고, 본문에서도 사실 per를 요구하는 뚜렷한 관계절 동사나 뚜렷한 선행사 없이, 앞문장 전체가 원인절, 뒷문장이 결과절이 되도록 두 문장을 이어주고 있다.

8 **ha due anni meno di me** : 나이(l'età)를 말할 때는 동사 avere와 anni(해, 年)를 써서, Quanti anni hai? "너 몇 살이니?"라고 묻고, Ho ventun anni, 또는 부분대명사를 써서 Ne ho ventuno "난 스물 한 살이야"라는 문형으로 답한다. 몇 가지 나이에 관련된 표현을 들어보면 다음과 같다.

8-1. Marco ha fumato la sua prima sigaretta all'età di quattordici anni.
마르코는 열 네살에 첫 담배를 피웠다.

8-2. Alla mia età basta una bella giornata di sole per sentirsi felici.
내 나이에는 행복을 느끼기에 햇볕 좋은 날이면 충분하다.

8-3. Era un uomo sui trenta, alto, magro, con i capelli castani corti e gli occhi verdi.
키가 크고, 마르고, 갈색 짧은 머리에 초록색 눈을 가진 삼십대 남자였어요.

8-4. Questo modello piace molto alle signore di mezza età.
이 스타일은 중년 여성분들께서 아주 좋아하십니다.

8-5. La ditta vuole assumere i 40-50enni.
그 회사는 4-50대 사람들을 고용하고자 한다.

8-6. Marco compie 34 anni domani. E cioè domani è il suo trentaquattresimo compleanno.
마르코는 내일 서른 네 살이 된다. 그러니까 내일은 그의 서른 네번째 생일이다.

8-7. Per il quinto anniversario del nostro matrimonio, faremo un bel viaggio a Istanbul.
우리 결혼 5주년을 위해 이스탄불로 멋진 여행을 떠날 것이다.

한편, 사람의 성장 과정은 다음과 같은 단계로 구분하고 있다 : l'infanzia "유년기" > l'adolescenza "소년기" > la giovinezza "청년기" > la maturità "장년기" > la vecchiaia "노년기". 이탈로 스베보(Italo Svevo, 1861~1928)의 소설 제목 Senilità(1989)는 vecchiaia의 다른 말이다.

9 **Fa la seconda superiore** : Fa il secondo anno della scuola superiore의 줄임말이다. "고등학교 2학년"을 우리가 "고2"라고 줄여서 말하는 것과 같다. "중3"이라면 la terza media, "초등학교 4학년"이라면 la quarta elementare가 된다. 이탈리아의 현재 교육과정은 만 16세까지 의무 교육이고, 만 18세부터 대학 진학이 가능하며, 박사학위까지 소위 3+2+3, 즉 학사 3년, 석사 2년(specialistica, master I), 박사 3년(dottorato di ricerca, master II, 등) 과정으로 정하고 있다. 대학 이전에는 scuola dell'infanzia 3년, scuola primaria(elementare) 5년, scuola secondaria di I grado(media) 3년, scuola secondaria di II grado(superiore) 5년 과정이 있고, 고등학교는 특성화 되어 있어서, Liceo Classico(인문), Liceo Scientifico(과학), Liceo Artistico(예술), Liceo Linguistico(외국어), Istituto Tecnico(기술), Istituto Professionale(직업), 등으로 분류된다.

10 **non ha tempo di fare altro che studiare** : 이 문장은 {non + 동사 + (altro) che} 형식으로, "~외에는/말고는 ~않다/~함이 없다", 즉 바꾸어 말하면 "오직 ~만 한다"는 의미가 된다. 따라서 ha soltanto il tempo di studiare "오직 공부할 시간만 있다"로 바꾸어 쓸 수 있다. 본문에서 che는 제외(eccetto, tranne, salvo)의 용법으로 쓰였다.

11 **fra due anni** : 전치사 tra와 fra는 최근에는 완전히 같은 것으로 간주되고 있다. 단, 이미 굳어진 어구는 대개 그대로 쓰고(tra poco "잠시후", fra il sonno "잠결에", ecc.), 소리의 뉘앙스나 조화에 따라 임의 선택되는 것으로 보고 있다. 공간 차원에서는 "A와 B 사이에, ~ 중에서"를 의미하고, 시간 차원에서는 "~후에"를 뜻한다.

관계대명사 – I pronomi relativi

A. **che** : 주격 또는 목적격 관계대명사. 선행사의 성/수에 영향 받지 않는다.

Es.
· Ho conosciuto un ragazzo.
Il ragazzo parlava bene il russo.
→ Ho conosciuto un ragazzo che parlava bene il russo. (주격)

· Il libro è molto bello. Tu mi hai regalato il libro.
→ Il libro che tu mi hai regalato è molto bello. (목적격)

B. **cui** : 전치사가 동반될 때 쓰이는 관계대명사. (a 는 생략 가능)

Es.
· Conosco una persona.
Ti puoi fidare di questa persona.
→ Conosco una persona di cui ti puoi fidare.

· Questi sono i miei amici con cui esco spesso la sera.

· Ho incontrato il ragazzo (a) cui hai venduto la bicicletta.

C. **il quale** : che나 cui 를 대체할 수 있으며, che대신 쓰일 경우 선행사의 성·수에 일치 시키고(il quale, la quale, i quali, le quali), cui 의 경우 동반하는 전치사와 정관사가 합쳐져 전치사 관사를 이룬다.

Es.
· Ho conosciuto un ragazzo il quale parlava bene il russo.

· Questa è la famosa borsa la quale tutti vogliono comprare.

· Questi sono i miei amici con i quali esco spesso la sera.

· Conosco le persone delle quali ti puoi fidare.

*La casa in cui (=dove) abitiamo è molto luminosa.

D. 정관사/전치사 관사 + cui : 소유격 관계대명사. 이 경우 del/della quale, dei/delle quali로 바꾸어 쓸 수 있다.

Es.
· Il signor Mario, la cui figlia (= la figlia del quale) è mia amica, fa l'operaio.

· Sono felici le madri i cui figli (= i figli delle quali) crescono bene.

· Ecco i palazzi nei cui giardini (= nei giardini dei quali) ci sono delle fontane.

E. chi : 선행사를 포함하고 있는 관계대명사로, 선행사는 반드시 사람이며, 항상 단수 취급한다. colui che, colei che, quello che, quella che로 바꾸어 쓸 수 있으며, 복수를 써야할 때는 coloro che, quelli che로 쓴다. "~ 인 사람은, ~ 하는 사람은"으로 해석한다.

Es.
· Chi canta, è un famoso cantante italiano.

· Coloro che parlano, sono i nostri professori.

· Parlo di chi non rispetta le regole.

· Parlo di coloro che non rispettano la regole.

Lezione 15

Presentare la mia università

자기 학교 소개하기

- Sono studente dell'Università Hankuk degli Studi Stranieri, iscritto al primo anno del corso di laurea in Traduzione e Interpretazione di Italiano. Nella nostra università vengono insegnate più di quarantacinque lingue straniere. È l' università più prestigiosa della Corea per quanto riguarda l'insegnamento delle lingue e degli studi di area. Ha come motto lo Spirito del Pioniere, cioè quello che in inglese si chiama Frontiership. Molti nostri laureati sono attivi nei campi della diplomazia, della sicurezza nazionale e del commercio internazionale.

  저는 한국외국어대학교 이탈리아어통번역학과 1학년에 재학 중인 학생입니다. 우리 대학교에서는 45개 이상의 외국어를 가르치고 있습니다. 한국에서 외국어 교육과 지역연구에 있어서 최고의 권위를 지닌 대학입니다. 우리 대학교의 표어는 "개척자 정신", 그러니까 영어로 frontiership이라고 부르는 것입니다. 많은 졸업생들이 외교, 국가안보 또는 국제 무역에 종사하고 있습니다.

- Il vantaggio di studiare in questa università è che tutti gli studenti possono frequentare più di due corsi di laurea contemporaneamente. Per esempio, la mia prima specializzazione è l'italiano e l'anno prossimo comincerò a seguire il corso d'economia internazionale che sara' la mia seconda specializzazione. Sono molto interessato alle relazioni commerciali tra l'Italia e la Corea. E poi, oltre a queste due specializzazioni, vorrei studiare un'altra lingua orientale e mi piacerebbe parlare bene il cinese per essere

più competitivo in Asia.

우리 대학교에서 공부하는 것의 장점은 어느 학생이라도 동시에 두 개 이상의 전공을 가질 수 있다는 것입니다. 예를 들어, 저의 제1전공은 이탈리아어이고 내년에는 국제경제를 제2전공으로 공부하기 시작할 것입니다. 저는 이탈리아와 한국 간의 경제 교류에 관심이 많습니다. 그리고 이 두 전공 외에도 동양어를 하나 더 공부하고 싶은데 아시아인으로서 더 능력을 갖추기 위해 중국어를 잘했으면 좋겠습니다.

- Dopo la laurea, penso di iscrivermi al corso di master in diritto commerciale internazionale per lavorare come avvocato in questo settore. Grazie a questa università possiamo realizzare i nostri sogni. Per questo è meglio sfruttare tutte le opportunità che l'università ci offre. Spero di rivedervi fra dieci anni a Milano o in qualche altra città italiana o magari a Wall Street. Grazie!

대학을 졸업한 후에는 국제 무역 분야에서 변호사로 일할 수 있도록 국제 상법 석사 학위 과정에 등록할 생각을 하고 있습니다. 우리 대학교에서 우리는 꿈을 이루어 갈 수 있습니다. 그래서 저는 우리 대학이 우리에게 제공하는 모든 이점들을 잘 활용하려고 합니다. 십년 후에 밀라노나 다른 이탈리아의 어떤 도시, 아니면 혹시 월 스트리트에서 다시 만나게 되길 바랍니다. 감사합니다.

구문 해설 및 문법 설명

1 **vengono insegnate** : 이 문장의 우리말 해석을 보면 주어(soggetto)가 드러나 있지 않은데도 자연스럽게 능동문으로 읽는 데에 무리가 없다. 이런 경우에 이탈리아어로도 능동태(forma attiva)로 옮기려면 비인칭 구문(forma impersonale)을 활용하고, 아니면 본문에서처럼 수동태(forma passiva) 문장으로 만든다. 여기서는 문맥상 상태를 강조하는 essere + p.p. 수동태보다 본동사의 동작을 강조하는 venire + p.p.를 사용하였다. 본 문장을 비인칭 구문으로 바꿔보면, 타동사 insegnare가 복수 직접목적어를 동반하므로 3인칭 복수형을 쓰고 주어는 si가 담당하여, Nella nostra università si insegnano più di quaranta lingue straniere가 된다. 이렇게 비인칭 구문에서 동사가 타동사이고 직접목적어를 취하고 있으면 형태상으로는 능동태이지만 사실 수동태의 의미를 띠게 된다. 이것을 문법 용어로 비인칭 수동태(si passivante)라고 한다.

2 **per quanto riguarda** : 직역하면 "~에 관련된 만큼에 대해서/한해서"라는 뜻으로 숙어로 굳어진 어구이다. 따라서 뒤에 복수 명사가 와도 형태가 변하지 않는다. 이와 함께 "~에 관하여"라는 뜻으로 자주 쓰이는 어구로는 riguardo a, quanto a, in merito a, circa, a proposito di 등이 있고, 동사 riguardare를 써서 가령, Per quel che mi riguarda, ho fatto il possibile "나와 관련해서는, 나는 할 만큼 했다", 또는 Quei fatti non ti riguardano "그 일들은

너와 관계가 없다"라고 할 수 있다. {Nel + 동사원형} 어구는 "~에 대하여"보다는 "~하는 데 있어서"를 더 잘 표현한다. P.e.: È stato molto apprezzato il suo coraggio nel documentare la realtà afgana "아프가니스탄의 현실을 기록함에 있어서 그의 용기는 매우 높이 평가 받았다".

3 **motto, Pioniere, *Frontiership*** : 프런티어(ing. Frontier) 정신은 잘 알려진 바와 같이 19세기 후반 미국 서부 개척 시대의 교훈을 긍정적으로 계승한 "개척자 정신"으로, 이후 뉴프런티어, 아메리칸 드림(it. il sogno americano), 그리고 창업자 정신(ing. Entrepreneurship)의 근간이 되었다. 1972년 목성(it. Giove)을 근접 촬영하고 최초로 태양계(il sistema solare) 밖으로 나간 나사(NASA)의 무인(senza equipaggio) 우주탐사선(sonda spaziale)의 이름도 "개척자"를 뜻하는 파이오니어(ing. Pioneer) 10호였다. 이탈리아어에서도 la frontiera는 "경계, 변방, 일선" 등을 뜻하고 따라서 비유적으로 "앞서 나가는, 전위적인"이라는 의미로 쓰이기도 하는데(p.e.: arte di frontiera), "개척자, 개척정신"에는 pioniere, pionierismo가 더 보편적이고 적합하다.

4 **Il vantaggio** : 이 문장의 우리말 해석을 보면 "우리 대학교에서 공부하는 것"과 "어느 학생이라도 동시에 두 개 이상의 전공을 가질 수 있다는 것"이라는 두 개의 단문이 포함되어 있다. 첫 번째 단문은 "장점"을 수식하며 함께 긴 주부를 이루고 있고, 두 번째 단문은 술부에서 주격 보어 역할을 하고 있다. 해당 이탈리아어 문장을 보면 어순은 약간 다르지만 이 구조를 그대로 반영하고 있음을 볼 수 있다. 첫번째 단문은 주어 Il vantaggio에 전치사 di가 이끄는 부정사 구문으로 연결되었고, 두 번째 단문은 접속사 che가 이끄는 절이 되었다. 그런데 이렇게 이탈리아어와 우리말 문장이 투명하

게 대응되는 경우는 갈수록 드물게 만나게 될 것이다.
생각하는 바를 문장 단위든지 문단 단위든지 자신의 의도가 제대로 전달되도록 구성하려면 무슨 말을 먼저 꺼내고 어떤 순서로 다음 단어와 다음 문장을 이어나갈 지 짚어 볼 필요가 있다. 이것은 모국어를 말할 때도 다르지 않다. 모국어로 하는 판단이 외국어로 말할 때 적용되기 마련이기 때문이다. 이탈리아 사람들에게 말할 거리가 없거나 말문이 막히는 경우는 거의 보기 힘들다. 특히 대학생들이 시험을 치를 때 교수 앞에서 구두로 거의 토론을 만들어 가는 모습은 가히 장관이라 할 만하다. 이것은 이탈리아 사람들이 어렸을 때부터 말하기 교육을 받아 온 덕분이라고 그들은 말한다. 어렸을 때부터 말하기를 따로 가르치는 이유는 바로 말 잘하기가 그만큼 어렵기 때문이라고 한다. 우리가 모델로 삼을 만한 말하기는 우선 생생한 말하기, 다시 말해서 말할 거리가 풍부하고 진정성 있는 내용으로 구성된 자기 표현이라고 할 수 있겠다. 순발력과 유창함은 이렇게 얻어진다.

5 **scambio economico** : "교환, 교류"의 뜻을 가진 lo scambio는 동사 scambiare의 명사형이다. 형태를 보면 cambiare(바꾸다, 변화되다)에 's-'가 붙어 있다. 접두사 's-'는 대부분의 경우 부정적 의미로 바꾸거나 반대말로 만드는 기능을 한다. 가령, parlare-sparlare(말하다-험담하다), comodo-scomodo(편안한-불편한), allacciare-slacciare le cinture di sicurezza(안전벨트를 착용하다-풀다), 등을 들 수 있다. 그런데 scambiare의 경우는 cambiare의 의미를 더욱 강조하는 역할을 한다.
한편, "환전"은 cambio라고 한다. "환율"도 마찬가지다.

5-1. Il cambio euro dollaro di oggi è : 1€ = 1.3781$.
오늘의 유로 달러 환율은 1€ = 1.3781$ 이다.

5-2. Mi scusi, l'ho scambiata per un'altra persona.
실례합니다, 당신을 다른 사람으로 착각했어요.

5-3. Vi proponiamo lo scambio dei prigionieri.
여러분께 포로 교환을 제안합니다.

6 **diritto**는 여기서 "법(法)"이라는 뜻의 명사로 쓰였다. 앞서 i diritti e i doveri dei cittadini (시민의 권리와 의무)에서는 "권리"였고, andare dritto(직진하다)에서는 "곧장"이라는 부사였다. "곧장, 곧은"이라는 뜻일때 흔히 dritto로 쓴다. 일반적으로 "법"은 la legge로 통한다. 이와 비교해서 diritto는 좀더 구체적인 법 체계를 지칭할 때 쓴다. 가령, il diritto pubblico(공법), il diritto privato(사법), il diritto civile(민법), il diritto penale(형법)와 같다. 왜 이 단어가 "권리"라는 뜻으로도 쓰이는 지 어느 정도 짐작할 수 있을 것이다. 이보다 더 구체적으로 법전을 지칭할 때는 il codice civile(민법), il codice penale(형법) 등으로 말한다. 대학 법학부의 경우, facoltà di legge라고도 부르지만 정식으로는 Facoltà di Giurisprudenza이다. 여기서 la giurisprudenza는 "법학", "법제"라는 뜻이다. 그러니까 학문 영역과 제도적 차원의 개념인 것이다. 몇 가지 관련 어휘를 더 살펴보면 다음과 같다.

il tribunale	법원	l'accusa	원고
la corte	법정	la difesa	변호
il giudice	판사	l'imputato	피고인
il pubblico ministero	검사	l'obiezione	이의
l'avvocato	변호사	l'obiezione accolta/respinta	이의 인정 / 기각
l'arringa finale	최종변론	la Costituzione	헌법

우리나라 헌법 제1조 1항은 "대한민국은 민주공화국이다" 이고, L'Italia è una Repubblica democratica, fondata sul lavoro "이탈리아는 노동에 기초한 민주공화국이다" 는 이탈리아 헌법 제1조 1항이다. 법정 판사석 위에는 La legge è uguale per tutti라고 써 있고, 법원 정면에는 라틴어로 IUSTITIA "정의"라고 새겨져 있거나 천칭(la bilancia)을 손에 든 정의의 여신(la Giustizia) 석상이 있는 것을 볼 수 있다.

수동태 – La forma passiva

A. **essere + p.p.** 수동태 (p.p.의 어미는 주어와 성/수 일치, 시제는 essere가 담당)

1. La polizia *insegue* il ladro. →
   Il ladro **è inseguito** dalla polizia.

2. Carlo *ha picchiato* Luca. →
   Luca **è stato picchiato** da Carlo.

3. L'idraulico *riparerà* la doccia. →
   La doccia **sarà riparata** dall'idraulico.

4. Cesare *conquistò* la Gallia. →
   La Gallia **fu conquistata** da Cesare.

B. **venire + p.p.** 수동태 (단, 본동사가 단순시제일 경우만)

5. Mario *paga* il conto. →
   Il conto *è pagato* da Mario.
   = Il conto **viene pagato** da Mario.

6. Il governo *approverà* la legge. →
   La legge *sarà approvata* dal governo.
   = La legge **verrà approvata** dal governo.

7. I turisti *visitarono* il museo. →
   Il museo *fu visitato* dai turisti.
   = Il museo **venne visitato** dai turisti.

8. Il contadino *mungeva* le mucche. →
   Le mucche *erano munte* dal contadino.
   = Le mucche **venivano munte** dal contadino.

C. **"si" passivante** 수동태 (3인칭 단/복수에 한, 비인칭, 복합 시제에서 조동사 essere)

9. Questa rivista **si pubblica** a Roma.
   = *è pubblicata / viene pubblicata*

10. I giornali **si leggono** molto.
    = *sono letti / vengono letti*

11. Quelle trasmissioni **si sono seguite** con interesse.

12. **Si è letto** con interesse quell'articolo.

D. **andare + p.p.** 수동태 (3인칭 단/복수 단순시제 한, 필요/의무 표현 '~되어야 한다')

13. Il progetto **va finito.**
    = Il progetto *si deve finire*.
    = *deve essere finito*.

14. I compiti vanno corretti.
    = I compiti *si devono correggere*.
    = *devono essere corretti*.

E. dovere, potere와 수동태

15. Marco *deve spedire* la lettera. →
    La lettera **deve essere spedita** da Marco.

16. Anna *non può fare* i progetti. →
    I progetti **non possono essere fatti** da Anna.

F. 직접목적대명사와 수동태

17. Chi te l'ha detto? → Da chi ti è stato detto?
18. **Li** hanno arrestati. → Sono stati arrestati.

Memo

Lezione 16

La bandiera nazionale coreana e italiana

한국과 이탈리아의 국기

1. Corea

1. 한국

- La bandiera nazionale coreana, chiamata Taegeukki, è stata creata intorno all'anno 1882. La data esatta e il nome del creatore sono incerti.

  태극기(太極旗)라 불리는 한국의 국기는 1882년경에 만들어졌습니다. 정확한 날짜와 만든 이의 이름은 불분명합니다.

- La simbologia della bandiera si basa sulla teoria dualistica di Yin e Yang della filosofia orientale. Lo sfondo bianco simboleggia la pace. Il cerchio blu e rosso al centro, il Taegeuk, rappresenta l'origine di tutte le cose dell'universo. Nella filosofia orientale il Taegeuk è il Grande Assoluto, dove l'aspetto positivo Yang (rosso) e l'aspetto negativo Yin (blu) sono in uno stato di perfetta armonia. I due principi si fondono in una perpetua interazione e formano una sola entità.

  국기의 의미는 동양철학의 음양(陰陽) 이원론에 기초하고 있습니다. 흰 바탕은 평화를 상징합니다. 중앙에 태극이라는 푸른색과 붉은색의 원은 우주 만물의 기원을 나타냅니다. 동양철학에서 태극은 절대궁극으로서, 긍정적 측면인 양 (붉은색)과 부정적 측면인 음 (푸른색)이 완벽한 조화의 상태에 있습니다. 이 두 원칙은 끊임없는 상호작용 속에서 서로 융합되어 단일체를 형성합니다.

Intorno al simbolo di Yin e Yang ci sono quattro disegni che si chiamano Kwae. Quello in alto a sinistra è Keon che rappresenta il cielo. Quello in basso a sinistra è Yi che rappresenta il fuoco. Quello in alto a destra è Kam che rappresenta l'acqua e quello infine in basso a destra è Kon che rappresenta la terra.

그 주위로 '괘(卦)'라고 불리는 네 개의 문양이 있습니다. 왼쪽 상단의 것은 '건(乾)'이며 하늘을 의미합니다. 왼쪽 하단의 것 '이(離)'는 불을 의미합니다. 오른쪽 상단의 것 '감(坎)'은 물을 의미하고 마지막으로 오른쪽 하단의 것은 '곤(坤)'이고 땅을 의미합니다.

2. Italia

2. 이탈리아

La bandiera della Repubblica è il tricolore italiano : verde, bianco e rosso, a tre bande verticali di eguali dimensioni. Così dice l'articolo 12 della Costituzione della Repubblica Italiana. Dietro a queste semplici parole è racchiusa la storia dell'Unità d'Italia, di cui la bandiera è stata il principale elemento di aggregazione.

"공화국의 국기는 이탈리아 삼색기로서 초록색, 흰색 그리고 빨간색이 세 개의 동일한 크기의 띠 형태로 수직 배열된 것이다". 이렇게 이탈리아 공화국 헌법 제12조는 정하고 있습니다. 이 간단한 말들의 뒤에는 이탈리아 통일의 역사가 담겨 있는데, 이 깃발은 그러한 단합을 이루어 낸 중심 요소였습니다.

- Il tricolore italiano trae la sua origine dalla coccarda utilizzata dagli studenti dell'Università di Bologna nei primi moti del 1794. La coccarda era realizzata sul modello della rivoluzione francese. L'unica differenza era che al posto dell'azzurro c'era il verde, che era il colore distintivo dei militari del Nord Italia. Diventa la bandiera ufficiale nel 1797 con il voto del parlamento della Repubblica Cispadana.

  이탈리아 삼색기는 1794년 초기 저항 운동 때 볼로냐 대학생들이 패용했던 리본꽃에서 기원합니다. 이 리본꽃은 프랑스혁명 때 사용된 것을 모델로 해서 만들어졌습니다. 파란색 자리에 초록색이 들어간 것이 한 가지 다른 점이며, 초록색은 북부 이탈리아 군인들의 식별 색깔이었습니다. 그리고 치스파다나 공화국 의회에서 투표를 통해 1797년 공식 깃발이 됩니다.

- Il tricolore continua a essere innalzato come emblema di libertà e di unione e nel 1831 viene adottato da Giuseppe Mazzini per la sua Giovine Italia. Nel 1848 il re Carlo Alberto, proclamando la prima guerra d'indipendenza, decide di mettere al centro lo Scudo dei Savoia con una bordatura azzurra. Rimane la stessa anche dopo la proclamazione del Regno d'Italia nel 1861 e nel 1925 viene aggiunta anche la corona reale. Con la nascita della Repubblica è confermata la bandiera attuale descritta nel 1947, come sopra, dalla Costituzione.

  삼색기는 계속해서 자유와 단결의 상징으로 드높여져서 1831년에는 주세페 마찌니가 자신의 청년 이탈리아당을 위해 채택합니다. 1848년에는 카를로 알베르토 왕이 제1차 독립전쟁을 선포하면서 중앙에 파란 테두리를 한 사보이아 왕가의 방패를 넣기로 정합니다. 이탈리아 왕국이 선포된 1861년 이후에도 그대로 유지되다가, 1925년에 왕관도 올려집니다. 공화국의 탄생으로 위와 같이 헌법으로 명시된 1947년 현재와 같은 국기가 확정됩니다.

구문 해설 및 문법 설명

1 chiamata *Taegeukki* : 이 부분은 첫 문장에서 삽입구문(it. inciso)에 해당한다. 삽입구문은 알다시피 문장 구성의 필수 요소는 아니고 내용을 보충하거나 부연 설명할 목적으로 문장 중에 끼워 넣는 구문이다. 그래서 삽입구문의 앞뒤에는 쉼표가 있다.

본문에는 세 군데에 각각 다른 종류의 삽입구문이 있다. 여기 첫 문장의 경우, 동사 chiamare의 과거분사가 여성 단수 형용사로 쓰여 앞의 bandiera수식하는 형용사구이다. 두 번째는 본문1 문단2의 문장3에 있는 il Taegeuk으로, 그 문장의 주어 il cerchio blu e rosso al centro와 동격(apposizione)이다. 세 번째 삽입구는 본문2 문단3 문장2에 있는 제룬디오(gerundio) 구문 proclamando la prima guerra d'indipendenza이다. 주절과 종속절의 주어가 같을 때 종속절을 제룬디오로 함축(forma implicita)할 수 있다. 이것을 풀어보면(forma esplicita), 여기서는 때(時)를 부연 설명하고 있으므로, quando (il re Carlo Alberto, 주어) proclama la prima guerra d'indipendenza가 된다. 이렇게 풀어서 썼을 경우 삽입절(proposizione incidentale)이 된다. 가장 흔한 삽입절 중 하나는 관계절(proposizione relativa)이다.

실제로 이탈리아 문어(文語)에서 삽입구문의 사용은 매우 빈번해서, 여러 차례 읽고 문장 구조를 파악하여 내용은 어렵지 않게 이해했다 하더라도, 우리말로 옮길 때에는 삽입구문을 따로 떼어 접속사(congiunzioni) 등 별도의 장치를 도입해서 원문의 어조를 살려야 하는 경우가 많다.
글쓰기에 있어서 우리말은 맞춤법과 띄어쓰기에 중점을 두는 반면, 이탈리아어는 쉼표(virgola), 콜론(due punti), 세미콜론(punto e virgola) 등 구두점(interpunzione, punteggiatura)의 사용에도 매우 엄격하다. 그 중 쉼표는 가장 다양한 기능을 맡고 있으므로, 문장이 길고 복잡하게 구성되어 있을 때 쉼표가 구분짓는 의미단위 간의 관계를 파악하는 것은 정확한 해석을 위해 반드시 거쳐야 하는 순서다.

2 **è stata creata** : 근과거 시제의 수동태이다. 시제가 근과거인 것은 è stata로 보아 알 수 있다. 본문에는 여러 시제의 수동태가 등장하는데 나머지는 모두 본문2에 있다. 등장하는 순서대로 열거해 보면 다음과 같다. è racchiusa(동사원형은 racchiudere), era realizzata, essere innalzato, viene adottato, viene aggiuntaà (aggiungere), è confermata. 본문2에는 역사적 사실을 생생하게 표현하는 "역사적 현재"(presente storico) 시제가 많이 사용되었다.

3 **si basa sulla** : 여기서 si는 재귀대명사다. 즉, 동사 basare의 재귀적 용법 basarsi + 전치사 su를 써서 "~에 기초를 두다/근거하다"를 의미한다. basare는 "받침, 바탕, 기본, 근거, 기지" 등의 뜻을 가진 명사 la base에서 파생된 동사다. 이를 응용한 많이 쓰이는 숙어 표현 몇 가지를 들어 보면 다음과 같다.

3-1. Si può preparare anche a casa questa bevanda a base di zenzero.
생강을 주 원료로 한 이 음료는 집에서도 만들 수 있습니다.

3-2. In base alle nostre ricerche, possiamo confermare che Thelma e Louise non sono morte.
우리의 조사에 근거하여 텔마와 루이스는 죽지 않았다고 확언할 수 있다.

3-2-1. Lo giudicate innocente solo sulla base delle sue parole?
그의 말만을 근거 삼아 그가 무죄라고 판단합니까?

3-3. In questa lezione sono spiegate le nozioni basilari su due bandiere nazionali.
이 과에는 두 국기에 대한 기본 지식이 설명되어 있습니다.

3-4. Il film è basato su un fatto realmente accaduto.
그 영화는 실제 일어난 사건을 바탕으로 하고 있다.

4 **principi** : "원리, 원칙"이라는 의미로 쓰였고, 끝에서 두 번째 음절 prin-cì-pi에 강세를 두어 읽는다. 단수 원형은 il principio(prin-cì-pio)이다. "왕자, 군주"를 뜻하는 principe (prìn-ci-pe)와 복수형이 같아, 읽거나 말할 때는 강세로 구분이 되지만 글에서는 문맥으로 판단해야 한다. 한때는 '–io'의 복수형임을 나타내기 위해서 principî, studî 식으로(-io > -ii > -î) 표기하기도 했으나 지금은 언어사(史) 같은 전문 영역 외에서는 사라져 가는 관행이다.
참고로 *Il principe*는 마키아벨리(Niccolò Machiavelli, 1469~1527)의 『군주론』의 원제다. 그리고 지난해 2013년에는 전 세계적으로 『군주론』 집필 500주년을 기념한 바 있다.

5 **bandiera**는 기(旗), 깃발을 뜻하는 많은 단어 가운데 가장 일반적인 의미를 갖고 있다. vessillo, stendardo, gonfalone, labaro, insegna, drappo 등이 이 역사 깊은 무언의 강력한 상징물을 가리키는데, 대부분 전쟁과 정복의 시대 군사 제도에 기원하고 있음은 쉽게 짐작할 수 있다. drappo는 사실 깃대에 달기도 했던 천, 즉 휘장을 일컫는 말이고, insegna는 이 단어들을 깃발의 기능 측면에서 다 포괄하는 개념으로서 상징(simbolo), 표상(emblema)의 동의어이기도 하다. 색깔과 글자, 기하학적 도형, 도식화된 동·식물 등의 도입으로 의미와 장식적 기능이 더해지면서, 상징과 아이콘의 시대라고 할 수 있는 중세에 이르면 동네마다 고유 깃발을 내 걸 만큼 깃발의 전성기를 맞는다. 오늘날에도 전통 의식을 재현할 때면 남자 기수(旗手, sbandieratori)들의 화려한 깃발 군무(群舞)가 펼쳐지고, 매년 여름 팔리오(Palio) 경마가 열리는 Siena같은 도시에서는 각 구역(quartiere) 상징 깃발들이 관광 기념품으로 판매되기도 한다.

6 **tricolore** : 앞서 12과에서 singolo, doppio, triplo, quadruplo 순의 배수를 언급한 바 있다. tricolore의 'tri-'는 mono-, bi-, tri-, quadri-, penta- 계열에 속하는 그리스·라틴 어원의 수(數) 접두사(it. prefisso)이다. 이들은 배수 개념보다는 한 전체를 동일한 비중으로 형성하고 있는 단위 구성 요소의 수에 대한 정보를 담고 있다. 가령, monolocale(원룸 아파트), bilocale(방 2개짜리 아파트), bidimensionale(2차원의), tridimensionale(3차원의), triangolo(삼각형), quadrilatero(4면의), il *Pentagono*(미국방성) 등을 흔히 접할 수 있다.

7 a tre bande : "어떤 방식 또는 형태로, 이러저러한 무늬 또는 모양의"라는 표현을 하고자 할 때, 대개 전치사 a를 앞세운다. 몇 가지 예문을 통해 그 용법을 익혀보자.

7-1. Buongiorno. Vorrei un quaderno a righe.
안녕하세요. 줄친 공책 한 권 주세요.

7-2. Ti piace quella camicia a quadretti?
저 체크무늬 셔츠 마음에 들어?

7-3. Anche lui è stato a suo modo un buon padre.
그도 자기만의 방식으로 좋은 아버지였다.

7-4. Come si crea la schiuma di latte a forma di cuore?
하트모양 우유거품 만드는 법.

7-5. Non si può pagare a rate.
할부로 지불할 수 없습니다.

8 **trae** : 동사 원형은 trarre이다. "끌다, 이끌어내다, 뽑다"를 기본 뜻으로 하는 이 전방위 불규칙 동사의 직설법 현재 활용형부터 확실히 기억해 두자. 과거분사(participio passato)는 tratto이다.

io	traggo	noi	traiamo
tu	trai	voi	traete
lui/lei/Lei	trae	loro	traggono

9 **nei primi moti del 1794** : 이 시기 초기 저항 운동이라 함은 볼로냐 대학생 루이지 잠보니(Luigi Zamboni, 1772~1795)와 잠바티스타 데 롤란디스(Giambattista De Rolandis, 1774~1776)가 중심이 되어 교황령으로부터 볼

로냐의 독립을 주장하며 일으킨 혁명성 외세 저항 시위 운동들을 말한다.

10 **azzurro e blu** : azzurro는 맑고 구름 한 점 없는 하늘같은 파란색이고 blu는 그보다 더 짙은 깊은 바다같은 파란색이라고 한다. 사실 두 색깔의 경계는 모호하고 같은 금속 광택의 파란색 스포츠카를 보고 한 사람은 azzurro라 하고 다른 사람은 blu라고 하지만, 한 가지 분명한 차이는 두 단어가 대변하는 심리 상태다. 깊은 슬픔, 우울, 정적 등은 blu의 이미지이고 밝고 긍정적인 활기는 azzurro의 분위기다. *Azzurro*라는 제목의 유명한 노래 가락도 그렇고, 이탈리아 국가대표 운동선수들을 gli azzurri라고 부르는 것도 그렇고, 흔하진 않지만 Azzurra라는 여자 이름이 있는 것도 그렇다.

11 **militari del Nord Italia** : 여기서 북부 이탈리아 군인들이라 함은 당시 이탈리아 북부를 지배하고 있던 나폴레옹의 군대에 소속된 이탈리아인 군인들을 일컫는다. 이들의 식별색으로 도입된 초록색은 전통적으로 밀라노와 롬바르디아(Lombardia) 지역을 상징하는 색깔이었다.

12 **Repubblica Cispadana** : cispadana는 cis + padana가 합쳐진 말로, padana는 강(江) 이름 Po의 형용사이고 cis-는 어떤 한 지점을 기준으로 al di qua, 즉 "이쪽의"라는 뜻을 가진 접두사다. 따라서 cispadano는 "포강 이남"을 가리킨다. "알프스 이남" cisalpino도 역사가 오래된 말이고, 최근에는 이스라엘과 팔레스타인 분쟁과 관련하여 Cisgiordania(요르단 강 서안)라는 말도 종종 들을 수 있다. 'cis-'의 반대는 'oltre-' 또는 'trans-'이며, transpadano, transalpino, oltralpe, oltralpino 등으로

쓰이고 있다. 나폴레옹이 독립시켜 치스파다나 공화국으로 합병한 도시국가들은 일차적으로 Bologna, Ferrara, Modena, Reggio Emilia였고, 볼로냐는 이 공화국의 수도였다.

13 **Giuseppe Mazzini e Giovine Italia** : 청년 이탈리아당은 1831년 마르세이유(it. Marsiglia)에서 주세페 마찌니(1805~1872)가 카르보나리(Carboneria)의 한계를 깨닫고 새로운 기치 아래 창설한 비밀 결사 조직이다. 이들의 목적은 통일 이탈리아 민주 공화국의 설립이었으며, 동명의 기관지도 발행하여 민중의 교육과 독립 의식 고취에 힘썼다.

14 **il re Carlo Alberto & la prima guerra d'indipendenza** : 나폴레옹이 물러간 이탈리아 북부에는 오스트리아가 득세하였다. 사르데냐(Regno di Sardegna) 왕 카를로 알베르토(Torino 1798~Oporto 1849)는 이탈리아 반도 여러 나라에서 군사를 모아 1848년 오스트리아에 선전포고를 한다. 이렇게 시작된 것이 제1차 독립전쟁이며, 이탈리아 통일 운동(Risorgimento)이 아래로부터의 시도에서 위로부터의 독립, 즉 반도 내 지배층들이 나서서 주도하게 되는 전환점을 이룬다.

15 **lo Scudo di Savoia** : 중앙에 사보이아 왕가의 문장(紋章, stemma) 이 새겨져 있었던 시기 이탈리아 국기의 모습이다.

(출처: http://www.quirinale.it/qrnw/statico/simboli/tricolore/tricolore.htm)

16 **Regno d'Italia nel 1861** : 주변 열강들 사이에서 외교 전략으로 이탈리아에게 유리한 상황을 이끌어 낸 카부르(Camillo Benso conte di Cavour, 1810~1861)와 1천 명의 원정대(la spedizione dei Mille)의 성공으로 남부를 통

합한 가리발디 장군(Giuseppe Garibaldi, 1807~1882)은, 아직 베네치아와 로마는 획득하지 못한 상태였지만, 대부분 통일된 이탈리아를 사르데냐 왕 빗토리오 에마누엘레 2세(Vittorio Emanuele II, 1820~1878)에게 바치고, 그가 이렇게 탄생된 이탈리아 왕국의 초대 왕이 되면서 사보이아 왕가의 문장은 한동안 계속해서 국기에 남게 된다.

17 **la nascita della Repubblica e la Costituzione** : 1925년 왕관이 올려지게 된 계기는 그 때까지 군대 외의 사용에 관하여 법제화 되어 있지 않았던 국기의 게양이나 규격 및 관리 등에 관한 규정이 마련되면서 국가 기관 및 공관용으로 공히 알리기 위함이었다. 이탈리아 공화국은 1946년 6월 2일 공식 출범하였고, 지금도 매년 6월 2일을 "공화국 기념일" Festa della Repubblica로 축하하고 있다. 이탈리아 헌법은 1947년 12월 22일 제헌 의회 승인을 거쳐 27일 반포되었고 이듬해인 1948년 1월 1일부터 발효되었다. 그리고 매년 1월 7일을 "국기의 날" Giornata nazionale della bandiera로 정하여 기념하고 있다.

Memo

Lezione 17

La Corea: la geografia, il cibo e lo sport(1/2)

한국: 지리, 음식, 스포츠(1/2)

- La Corea è situata a nord-est dell'Asia. A nord confina con la Cina e la Russia, e dal Mare dell'Est è separata dal Giappone. È una penisola come l'Italia e la Spagna. Ha una storia antica di oltre cinquemila anni. La sua capitale è Seul.

  한국은 동북아시아에 위치해 있습니다. 북쪽으로는 중국, 러시아와 국경을 맞대고 있고, 일본과는 동해로 분리되어 있습니다. 이탈리아와 스페인처럼 반도입니다. 오천 년이 넘는 오랜 역사를 지니고 있습니다. 수도는 서울입니다.

- I piatti principali della cucina coreana sono il riso e il kimchi. Si mangiano anche la carne, il pesce, i frutti di mare e le verdure. Diversamente dall'usanza occidentale, noi mettiamo in tavola tutti i piatti del pasto nello stesso momento e li mangiamo insieme. Condividendo così il cibo, rafforziamo l'affetto in famiglia e tra gli amici.

  한국의 주식은 밥과 김치입니다. 그리고 고기, 생선, 해산물, 야채도 먹습니다. 서양과 달리 우리는 모든 음식을 한번에 식탁에 차려놓고 같이 먹습니다. 이렇게 음식을 나누면서 가족과 친구들 사이의 우애를 다집니다.

- Lo sport più popolare in Corea è il calcio come in Italia e in molti altri paesi del mondo. Ai mondiali del 2002, la squadra nazionale è arrivata ai quarti di finale. Anche il baseball è molto amato. Abbiamo vinto la medaglia d'oro nel 2008 alle Olimpiadi di Pechino e al World Baseball

Classic del 2009 abbiamo guadagnato il secondo posto. Il Taekwondo pure gode molta popolarità. È un'arte marziale internazionale. Al giorno d'oggi molte persone lo praticano in tutto il mondo per mantenersi in forma e per potersi difendere. A parte tutto questo, però, c'è una cosa popolarissima tra i giovani: i giochi online. Poiché tutti hanno il computer e internet a portata di mano, passano gran parte del loro tempo collegati in rete. I genitori ne sono preoccupati. Ma i giovani a loro volta pensano seriamente al proprio futuro e si sforzano molto per realizzare i loro desideri.

한국에서 가장 인기있는 스포츠는 이탈리아를 비롯한 세계 다른 많은 나라들과 마찬가지로 축구입니다. 2002년 월드컵에서 국가대표팀은 4강에 올랐습니다. 야구도 매우 사랑받고 있습니다. 2008년 베이징 올림픽에서 우리는 금메달을 땄고, 2009년 월드 베이스볼 클래식에서는 2위를 차지했습니다. 태권도 역시 많은 인기를 누리고 있습니다. 이것은 국제적 무예입니다. 오늘날 전 세계에서 많은 사람들이 건강을 유지하고 스스로를 방어하기 위해서 연마하고 있습니나. 그러나 이 모든 것보다도 젊은이들 사이에서 매우 인기있는 것이 있는데, 바로 온라인 게임입니다. 모두가 컴퓨터를 갖고 있고 인터넷이 발달했기 때문에, 대부분의 시간을 온라인에서 보냅니다. 부모들은 이 점을 걱정하고 있습니다. 그러나 젊은이들은 그들 나름대로 각자의 미래에 관하여 진지하게 생각하며 그들의 바람을 이루기 위해서 매우 노력하고 있습니다.

 구문 해설 및 문법 설명

1 **a nord-est dell'Asia & il Mare dell'Est** : 대륙(il continente)을 기준으로 한 "동북아시아" il Nord-est asiatico나 "동해" il Mare dell'Est 같은 지역명들의 단어 형성 모습을 몇 가지 예를 통해 더 살펴보자.

Sudamerica	남아메리카
Asia centrale	중앙아시아
Timor Est	동티모르
Africa nord-occidentale	북서아프리카
Europa dell'Est	동유럽
Medio Oriente / Estremo Oriente	중동 / 극동
Sud-est asiatico	동남아시아
Mar Cinese Meridionale	남중국해

참고로, "위도"는 latitudine, "경도"는 longitudine, "해발" altitudine(dal livello mare), "좌표"는 le coordinate geografiche이다. 로마의 gps좌표는 Latitudine 41° 54' 00" Nord, Longitudine 12° 25' 00" Est로 서울보다 높다. 한편 "38선"은 il 38°(trentottesimo) parallelo라고 부른다.

2 **penisola**는 pen- + isola가 합쳐진 단어이다. pen은 "거의, quasi"라는 뜻의 라틴어 pæne에서 유래하였다. "섬" isola는 라틴어 insula에서 왔는데, 이 어원은 isola와 penisola의 형용사형 insulare, peninsulare등에 그대

로 남아있다. 한반도와 이탈리아 반도(penisola italiana) 외에 대표적 반도로 la Penisola Iberica, la Penisola Scandinava, la Penisola Balcanica 등을 들 수 있다.

3 **usanza** : 이탈리아에 Paese che vai, usanza che trovi라는 속담이 있다. 나라, 도시, 마을 등등마다 고유의 풍습이 있다는 의미다. 다양성의 아름다움과 가치를 인식하고 존중하자는 깊은 뜻이 담겨 있다. When in Rome do as the romans do와 종종 비교되기도 한다. 이탈리아어로는 Quando sei a Roma, fai come i romani 등으로 번역되는데, 왜 이 속담이 영어로 정착되었는지는 충분히 짐작할 수 있다.

4 **il calcio** : 2014년은 스포츠의 해라고 해도 과언이 아닐만큼 굵직한 세계 스포츠 대회가 많이 열리고 있다. "월드컵"은 Coppa del Mondo라고 하는데, 가장 유명한 FIFA "축구 월드컵"은 흔히 i mondiali di calcio라고 불린다. 대회 정식 명칭은 Il campionato mondiale di calcio이다. "아시안게임"은 i Giochi asiatici, "올림픽"은 le Olimpiadi 또는 i Giochi olimpici이며, 여기에 가령 invernali를 붙이면 "동계올림픽"이 되고, le Para(o)limpiadi estive라 하면 "하계 장애인 올림픽"을 지칭한다. 올림픽 경기(종목)들은 gli sport olimpici라고 부른다. 본문에 나온 il calcio, il baseball, il Taekwondo도 잘 알려져 있는 정식 종목들이다. 몇 가지 경기 종목의 이탈리아어 명칭을 더 알아보면 다음과 같다.

Atletica leggera	육상 경기
Pattinaggio artistico/di figura	피겨스케이팅
Salto in lungo	멀리뛰기
Pattinaggio di velocità	스피드스케이팅

Hockey su prato	필드하키
Sci alpino	알파인 스키
Hockey su ghiaccio	아이스하키
Sci di fondo	크로스 컨트리
Tiro a segno	사격
Combinata nordica	노르딕 복합
Tiro con l'arco	양궁
Sollevamento pesi	역도

그 밖에 il Campionato europeo di calcio (=UEFA Champions League), Giro d'Italia "이탈리아 자전거 일주 경기", Formula 1 Gran Premio d'Italia "F1 이탈리아 그랑프리" 등의 스포츠 대회가 많은 관심을 얻고 있다.

5 **in semifinale** : 8강과 16강은 서수로 표현하여, (arrivare, andare) ai quarti di finale, agli ottavi di finale라고 한다. 4강인 준결승과 결승은 물론 각각 in semifinale와 in finale이다. 승자가 진출하는 방식인 토너먼트를 이탈리아어로는 torneo라 하고 올림픽에서는 대다수 종목들의 경기 방식이기도 한데, 단일 종목으로 대표적인 토너먼트는 여러 테니스 대회 tornei di tennis들을 들 수 있다. 리그는 lega라 하고, il Campionato mondiale di pallavolo maschile 또는 World League Pallavolo라고도 부르는 "배구 월드리그"가 유명하다.

6 un'arte marziale : le arti marziali는 널리 잘 알다시피 신체 단련과 정신 수양을 동시에 추구하는 동양의 여러가지 전통 호신 무예를 총칭한다. 여기서 arte는 오늘날 의미의 "예술"보다는 어원에 가까운 "기술"(it. tecnica)을 뜻하고, marziale는 전쟁의 신 Marte (마르스)에서 파생된 "전

쟁/전시의, 군사의"라는 뜻의 형용사이다. 즉 개인의 수련을 중시하는 전통적인 동양의 무술(武術)에서 호전적 파괴성을 본 서양의 고풍스러운 번역이라고 볼 수 있겠다. 참고로, Marte는 태양계 네 번째 행성인 화성(火星)을 의미하기도 한다. 그런데 "화성의" 또는 "화성인"이라고 할 때는 marziale 말고 marziano를 쓰도록 한다.

7 **mantenersi in forma** : forma는 외형이지만 아름다운 겉모습이란 신체 내부의 건강과 불가분의 관계에 있으므로 대개 식사 관리와 운동을 통해 균형잡힌 몸 상태를 유지하는 것을 의미한다. 그러한 상태에 있음을 말하는 essere in forma라는 표현도 흔히 접할 수 있다. "몸매 유지"를 원한다면 mantenere la linea가 더 적절하다. in forma와 유사한 표현으로 in gamba가 있는데, 가령 Mia nonna ha ottantasei anni ed è ancora in gamba "우리 할머니는 연세가 여든여섯이신데 아직 정정하시다"라고 할 수 있다.
한편 체력과 별개로 어떤 일을 해내는 능력이나 수완이 좋은 사람을 두고도 essere in gamba, una persona in gamba라고 표현한다. p.e.: Tuo zio è un uomo in gamba: non è facile portare avanti un'azienda per così tanti anni "네 작은아버지는 능력 있으신 분이다. 한 회사를 이렇게 오랫동안 이끌어 간다는 건 쉬운 일이 아니야".

8 **a parte** : parte는 아주 오래된 말이고 의미 범위가 매우 넓어, 구문에 따라 그 미묘한 차이를 구별해 볼 필요가 있다. a parte만 해도 "차치하고", "제외하고", "별도로" 등의, 엄밀히 말해 서로 완전히 같다고 할 수 없는 여러 뜻을 가지고 있다. 예문을 통해서 주요 숙어 표현들을 익혀 보자.

8-1. Sto mettendo da parte un po' di soldi per comprare la macchina.
차를 사려고 돈을 좀 모으고 있어. (한쪽에, 따로)

8-2. È molto gentile da parte sua ospitarci.
우리를 (댁에) 맞이하여 (머물게 해)주시니 대단히 친절하시군요(감사합니다). (측, 입장)

8-3. Siamo riusciti a restaurare il palazzo solo in parte.
저희들은 건물을 일부만 복원할 수 있었습니다.

8-4. Faccio parte di un'organizzazione non governativa.
나는 한 NGO에 소속되어 있다.

8-5. Parte dei membri erano favorevoli, parte contrari.
회원들의 일부는 찬성하였고 일부는 반대하였다.

8-6. Io vado da questa parte. E tu (da che parte vai)?
나는 이쪽으로 간다. 넌 (어느 쪽으로 가니)? (방향, 장소)

8-7. Da una parte amava la tranquillità della campagna, dall'altra sognava sempre l'avventura.
한편으로는 전원의 평화로움을 사랑했고, 다른 한편으로는 항상 모험을 꿈꾸었다.

8-8. D'altra parte sono esseri umani anche i giudici.
심판들도 사람이니까요. (del resto, tuttavia 하긴, 그도 그럴 것이, 아닌게 아니라, 그래도)

8-9. Gli operai sono parte integrante dell'azienda.
노동자는 회사의 핵심이다. (필수, 근본 요소)

명사/형용사의 성·수

★ 기본문형

Es. · Oggi si lavora. = Oggi uno lavora.

A. essere, stare, diventare 등의 동사 + 형용사

1. Si è stanchi dopo una giornata di lavoro intenso.
2. Si sta attenti a non sbagliare.

B. 재귀동사의 비인칭 용법

3. Spesso ci si accorge tardi dei propri errori.
4. In inverno ci si veste pesantemente.

C. 복합시제에서 조동사 essere 사용

5. In estate *si beve* molto.
   → In estate si è bevuto molto.
6. Qui *si balla* ogni sera.
   → Qui si è ballato ogni sera.
7. In Italia *si mangia* bene.
   → In Italia si è mangiato bene.

D. 복합시제에서 avere를 조동사로 취하는 동사는 비인칭 복합 시제에서 남성 단수형 과거분사를 쓰고, essere를 취하는 동사는 남성 복수형을 쓴다.

8. Si è cantato molto.
9. Si è camminato tanto.

10. Si è arrivati presto.
11. Si è partiti in fretta.

E. "si" passivante의 단순시제와 복합시제

12. Si vede il mare. → Si è visto il mare.
13. Si vedono gli uccelli. → Si sono visti gli uccelli.
14. Si vede la spiaggia. → Si è vista la spiaggia.
15. Si vedono le barche. → Si sono viste le barche.

F. 기후현상(주어 없이 동사의 3인칭 단수형만 쓰이며, 복합시제에서 조동사로 대개 avere를 쓴다)

16. *è caldo, è freddo, diluviare, fare giorno, fare notte, grandinare, tuonare, nevicare*, ecc.
17. Ha piovuto tutto il giorno, ma non è nevicato.

Memo

Lezione 18

La Corea: il clima e la lingua(2/2)

한국: 기후와 언어(2/2)

- La Corea ha quattro stagioni come l'Italia. Ogni stagione dura circa tre mesi. La primavera inizia a marzo. L'estate è calda e umida, l'inverno è molto freddo e nevica tanto. Ma il mutamento climatico globale sta influenzando anche la penisola coreana. Ora la primavera e l'autunno sono più brevi, piove di più in estate, nevica di meno in inverno. I danni causati da questo cambiamento diventano ogni anno sempre più gravi. D'estate arrivano più spesso i tifoni e le intense precipitazioni; d'inverno, con la temperatura sempre più alta, non fa più freddo come prima.

  한국은 이탈리아처럼 사계절을 갖고 있습니다. 각 계절은 대략 3개월씩 지속됩니다. 봄은 3월에 시작됩니다. 여름은 덥고 습하며, 겨울은 매우 춥고 눈이 많이 옵니다. 그러나 세계 기후 변화가 한반도에도 영향을 미치고 있습니다. 봄과 가을은 더 짧고, 여름에 비가 더 많이 오며, 겨울에는 눈이 더 적게 내립니다. 이러한 변화로 인한 피해는 매년 더 심각해지고 있습니다. 여름에 태풍과 집중 호우가 더 자주 발생하며, 겨울에는 점점 기온이 높아져 예전처럼 춥지 않습니다.

- In Corea parliamo il coreano e usiamo l'Hangeul, il nostro sistema di scrittura. Grazie a questo possiamo mantenere una forte identità nazionale. L'alfabeto Hangeul consiste in 10 vocali e 14 consonanti. È stato inventato nel XV secolo dal re Sejong il Grande. Le lettere si combinano e formano dei gruppi di sillabe. L'Hangeul è molto facile da imparare e da scrivere, per questo il tasso di alfabetizzazione in Corea è altissimo. Anche da noi, come in tutti gli altri pa-

esi, ci sono dei dialetti, ma tutti sono relativamente molto simili. C'è però un luogo dove si parla un dialetto molto particolare. Si tratta dell'Isola di Jeju, che si trova a sud del Paese. Non si possono capire molte parole di questo dialetto, probabilmente perché l'isola è stata isolata per molto tempo dalla terra ferma. Ma in Corea c'è una sola lingua ed è il coreano.

한국에서는 한국어를 사용하고, 우리 고유 문자인 한글을 씁니다. 이 덕분에 우리는 강한 국가 정체성을 유지할 수 있습니다. 한글 자모는 모음 열 자와 자음 열넉 자로 이루어져 있습니다. 15세기에 세종대왕에 의해 창제되었습니다. 글자들은 서로 결합되어 음절들을 형성합니다. 한글은 배우고 쓰기가 매우 쉽습니다. 이 때문에 한국의 문자 해독률은 아주 높습니다. 다른 모든 나라들처럼 우리 나라에도 사투리가 있습니다. 그러나 모두 비교적 매우 유사합니다. 그런데 매우 특별한 사투리를 쓰는 한 곳이 있습니다. 남쪽에 있는 제주도입니다. 이 사투리의 많은 단어들을 알아 들을 수가 없는데, 이 섬이 매우 오랜 시간 동안 육지로부터 고립되어 있었기 때문으로 보입니다. 그러나 한국에는 단 하나의 언어가 있고 그것은 한국어입니다.

구문 해설 및 문법 설명

1 **quattro stagioni** : 기후 변화로 꽤 오래전부터 더위와 추위가 일찍 시작되고 늦게까지 계속되면서 이탈리아에 속담처럼 생겨난 말이 있다 : Non ci sono più le mezze stagioni "더 이상 중간 계절이 없다". 짐작하다시피 여기서 mezzo는 "반(半)"보다는 "사이"에 가깝다.

Quattro stagioni라는 이름의 피자(pizza)가 있다. 대개 아티쵸크(carciofi-primavera), 올리브(olive-estate), 버섯(funghi-autunno) 그리고 햄(prosciutto-inverno)이 토핑으로 올라간다. 이 화려한 pizza와 비교되는 Quattro formaggi라는 하얀 pizza도 있는데, 이 위에는 보통 네 종류의 치즈 mozzarella, ricotta, gorgonzola, parmigiano가 녹아 있다.

*Le quattro stagioni*는 또한 베네치아 출신 작곡가 안토니오 비발디(Antonio Vivaldi, 1678~1741)의 유명한 바이올린 협주곡(concerto per violino) <사계(四季)>의 이탈리아어 제목이기도 하다. 참고로 alta stagione는 "(관광) 성수기"를 뜻하며 "비수기"는 bassa stagione라고 한다.

2 **più brevi** : 이 문장부터 첫 문단 끝까지는 모두 비교문이다. 등장하는 순서대로 비교 표현을 짚어 보면, più brevi, piove di più, nevica di meno; sempre più gravi; più spesso, sempre più alta, più freddo이다. 이들을 유형별로 분류해보면, più/meno+형용사(더/덜 ~한), più/meno+부사(더/덜 ~하게), 동사+di più/di meno(더 많

이/더 적게 ~하다)로 정리된다. 그리고 sempre (di) più/meno는 "점점, 갈수록 더 또는 덜"이라는 뜻으로, 비교급을 강조하고 있다. 또 많이 쓰이는 비교문으로 più/meno~, più/meno~ 구문이 있다. 가령, Più ci penso, più mi viene da ridere "생각할수록 웃음이 난다"고 할 수 있다. 여기서 ci는 (pensare) a qualcosa/a qualcuno를 받는 대명사이다.

3 **i tifoni** : 열대성의 맹렬한 소용돌이 바람을 태평양 북서부에서는 "태풍" tifone라 부르고, 아메리카 중북부에서는 "허리케인" uragano라고 한다. 회오리 바람 토네이도는 이탈리아어로도 tornado라고 쓴다. 이 단어들의 어원도 각 발생 지역 언어에서 유래하였다. tifone는 중국어에서, uragano는 카리브해 원주민어와 스페인어, tornado 역시 스페인어에서 왔다. "사이클론" ciclone는 인도양에서 발생하는 열대성 저기압인데 이탈리아에서는 이 말이 태풍을 통칭한다. "태풍의 눈(眼)"이 이탈리아어로 l'occhio del ciclone인 것으로도 미루어 알 수 있다. 비유적으로 essere/trovarsi nell'occhio del ciclone라는 표현이 있는데, 태풍의 눈은 주변 세력 간의 팽팽한 긴장감으로 인해 일시적으로 형성된 고요한 지점이므로 그 속에 있다는 것은 매우 불안정하고 위험한 상황 속에 놓여 있다는 말이다. 강한 영향력의 핵심을 뜻하는 우리의 비유와는 약간 관점이 다르다고 할 수 있겠다. 이탈리아는 지중해성 기후로 (clima mediterraneo) 폭우 등의 악천후는 있으나 장마나 태풍의 영향권은 아니다.

4 **L'alfabeto & le lettere** : 알파벳은 자음모음 체계를 가리키고, lettera는 carattere와 비슷한 뜻으로 "글자/문자"로 해석된다. 대문자를 lettera maiuscola 또는 carattere maiuscolo, 소문자를 lettera minuscola 또는 carattere minuscolo라고도 한다. 그런데 "글자 그대로"라는 표현은 letteralmente를 쓰고, 워드 프로세서 상에서 글자수는 carattere로 따진다. "금속활자"도 caratteri mobili in metallo라고 하는 것으로 보아 carattere는 인쇄 분야와 더 관련이 깊다고 할 수 있다. 참고로 이탈리아에서 손으로 기입하는 양식에 Scrivere in stampatello "인쇄체로 작성하시오"라는 문구가 적혀 있는 것을 종종 보게 되는데, 이것은 대문자로 쓰든 소문자로 쓰든 글자들을 필기체로 이어서 쓰지 말고 인쇄 활자처럼 구별되게 적어달라는 요청이다.

5 **il re Sejong il Grande** : 세종은 한글창제로 대표되는 많은 위대한 업적을 남겨 대왕 칭호가 부여되었다. 이탈리아어로는 본문처럼 이 칭호를 왕명 뒤에 동격 형식으로 표현한다. 유럽 역사에도 군주들이 이런 방식의 별칭으로 언급되는 경우가 많은데, 이탈리아 사람들에게 비교적 친근한 몇몇 인물들을 들어보면 다음과 같다.

- 위대한 로렌초 Lorenzo il Magnifico : Lorenzo de' Medici (1449~1492)
- 알렉산더 대왕 Alessandro Magno : Alessandro III re di Macedonia (356~323a.C.)
- 사자심(心)왕 리처드 Riccardo Cuor di Leone : Riccardo I re d'Inghilterra (1157~1199)
- 대머리왕 샤를 Carlo il Calvo : Carlo II imperatore (823~877)
- 붉은 수염 프리드리히 Federico Barbarossa : Federico I imperatore (1125~1190)

· 루도비코 일 모로 Ludovico il Moro : Ludovico Sforza duca di Milano (1452~1508)

· 가톨릭 군주 페르디난도 2세 Ferdinando il Cattolico : Ferdinando II re d'Aragona (1452~1516)

6 **Si tratta dell'Isola** : "다루다, 논의하다" 등의 뜻을 가진 동사 trattare의 비인칭 용법으로, si tratta di를 기본형으로 하는 숙어다. 시제 변화만 할 뿐 항상 3인칭 단수로 쓰이며, 우리말로는 대개 "~에 관련되다, ~에 대한 것이다"라고 옮긴다. p.e.: Di che cosa si tratta? Si tratta del tuo ragazzo. Ha un fratello gemello. "무슨 일인데?" "네 남자친구 일이야. 쌍둥이 형이 있대".

비교급과 최상급 – Il comparativo e il superlativo

A. 우등비교 : 비교되는 대상에 따라 più ~ di 또는 più ~ che 를 쓴다.

a. Carlo è più alto di Luigi.
b. Mio fratello è più veloce di te.
c. L'elefante è più grande del rinoceronte.
d. Laura studia più di Giulia.
e. Lavoro più di quello che credi.

f. Quella ragazza è più simpatica che bella.
g. È più facile scrivere che parlare una lingua straniera.
h. Viaggio più volentieri in treno che in macchina.
i. Leggo più libri che riviste.

B. 열등비교 : meno ~ di 또는 meno ~ che

a. Anna è meno preparata di Laura.
b. Quella ragazza è meno timida di me.
c. Il gatto è meno utile del cane.
d. Luigi lavora meno di Carlo.
e. Fumo meno di quello che pensi.

f. Quel ragazzo è meno forte che abile.
g. È meno difficile rimanere che andare via.
h. Mi piace meno abitare in campagna che in città.
i. Mangio meno frutta che verdura.

C. 동등비교 : tanto ~ quanto 또는 così ~ come

a. Antonio è (così) cortese come suo fratello.

b. Laura è (tanto) alta quanto Giulia.

c. Quel cane era tanto forte quanto sciocco.

d. Ho speso tanto quanto mi aspettavo.

e. Hai fatto l'esame (così) come tutti si aspettavano da te.

D. 상대 최상급 : il più ~ di / fra 또는 il meno ~ di / fra

a. Peter è lo studente più bravo della classe. (=Peter è il più bravo studente della classe)

b. Lucca è la città meno grande fra quelle che abbiamo visitato.

E. 절대 최상급 : 접미사 -issimo/a/i/e를 붙이거나 molto, assai, estremamente 등의 부사로 만든다.

a. Quella donna è bellissima.

b. Giulio è un ragazzo intelligentissimo.

c. Quell'uomo è molto modesto.

d. Laura è assai coraggiosa.

e. Quel signore è estremamente gentile.

F. 불규칙 비교급과 최상급

원급	비교급	절대최상급	상대최상급
buono	più buono **migliore**	buonissimo assai buono molto buono **ottimo**	il più buono **il migliore**
cattivo	più cattivo **peggiore**	cattivissimo assai cattivo molto cattivo **pessimo**	il più cattivo **il peggiore**
grande	più grande **maggiore**	grandissimo assai grande molto grande **massimo**	il più grande **il maggiore**
piccolo	più piccolo **minore**	piccolissimo assai piccolo molto piccolo **minimo**	il più piccolo **il minore**

G. 불규칙 비교급, 최상급을 갖는 몇몇 부사

원급	비교급	절대최상급	상대최상급
bene	meglio	molto bene benissimo **ottimamente**	**(il) meglio**
male	**peggio**	molto male malissimo **pessimamen- te**	**(il) peggio**
molto	**più / di più**	**moltissimo**	(il) più
poco	**meno / di meno**	**pochissimo**	(il) meno

Memo

Lezione 19

Il mito di fondazione della Corea

한국의 건국 신화

C'era una volta nel regno del cielo il re Hwan-in, che aveva un figlio che si chiamava Hwan-ung. Quest'ultimo nutriva sempre grande interesse verso il mondo degli uomini e voleva governarlo. Il padre si accorse del desiderio del figlio e cominciò a cercare un luogo adeguato. Alla fine trovò nella penisola coreana il luogo dove il sogno del figlio poteva essere realizzato. Il re quindi gli diede il permesso di scendere giù nel mondo umano, dandogli tre sigilli celesti: il vento, la pioggia e le nuvole.

옛날 하늘나라에 환인이라는 왕이 살고 있었는데 그에게는 환웅이라는 아들이 있었습니다. 이 아들은 늘 인간들의 세상에 큰 관심을 갖고 있었으며 그곳을 다스려보고 싶어 했습니다. 아버지는 아들의 소원을 깨닫고 적절한 장소를 물색하기 시작했습니다. 마침내 한반도에서 아들의 꿈을 이룰 수 있는 곳을 발견했습니다. 그래서 그는 아들에게 '비, 바람, 구름'의 하늘의 부적 세 개를 주면서 인간 세계에 내려가는 것을 허락했습니다.

Hwanung scese sul Monte Taebaek con un seguito di tremila sudditi. Lì fondò la Sin-si, che significa 'Città di Dio'. Insieme alle divinità del vento, della pioggia e delle nuvole, Hwanung controllò la mietitura, la vita e la morte, le malattie, le punizioni, il bene e il male.

환웅은 3천 명의 신하들을 거느리고 태백산에 내려왔습니다. 그 곳에 '신시(神市)'를 세웠는데, 이는 '신의 도시'라는 뜻입니다. 환웅은 바람, 비, 구름의 신을 거느리고 인간 세계에서 추수, 생사, 질병, 형벌, 선과 악을 주재했습니다.

- Un giorno un'orsa e una tigre femmina gli chiesero di trasformarle in esseri umani. Allora Hwanung diede loro una manciata d'aglio e d'artemisia, dicendo: "Diventerete esseri umani, se resisterete cento giorni mangiando solo questo cibo". L' orsa e la tigre cominciarono a sottoporsi alla prova in una caverna. Ma dopo poco tempo la tigre fuggì, non potendo sopportare la pena. L' orsa, invece, dopo aver patito ventun giorni, uscì dalla caverna trasformata in una donna.

  어느 날, 암 곰 한 마리와 암 호랑이 한 마리가 자신들을 인간으로 만들어 달라고 청했습니다. 환웅은 그들에게 쑥과 마늘 한 줌씩을 주고는 말했습니다. "너희들이 백 일 동안 이것만 먹고 버틴다면 인간이 될 것이다". 곰과 호랑이는 동굴 속에서 시험에 들어갔습니다. 호랑이는 참지 못하고 얼마되지 않아 도망을 쳤습니다. 반면에 곰은 21일을 견딘 후 여자로 변신해 동굴을 나왔습니다.

- Con il passare del tempo la donna-orsa cominciò a sentirsi sola e pregò il cielo di mandarle un compagno da maritare. Allora Hwanung la sposò. Lei diede alla luce un figlio, chiamato Dan-gun, che così più di cinquemila anni fa fondò l'antico regno di Chosun. In base a questo mito, noi coreani consideriamo Dangun il primo sovrano del Paese e l'orso un animale sacro.

  시간이 지나자 곰에서 변한 여인 웅녀(熊女)는 외로움을 느껴, 결혼할 짝을 보내달라고 하늘에 기도했습니다. 그러자 환웅은 그녀과 결혼했습니다. 그녀는 단군이라는 아들을 낳았으며, 그는 오천 년도 더 전에 이렇게 조선이라는 나라를 세웠습니다. 이 신화를 바탕으로 우리 한국 사람들은 단군을 나라의 첫 번째 군주로 생각하고 있으며 곰을 신성한 동물로 여기고 있습니다.

구문 해설 및 문법 설명

1 **C'era una volta** : 동화(童話, it. fiaba)의 전형적인 서두로서, 직역하면 "어떤 한때/어떠했던 적이 있었다"가 되는데, 바로 우리의 "옛날 옛적에"에 해당한다. "횟수, 차례, 방향, (둥근)천장" 등 많은 다양한 뜻을 가진 volta는 여기서 "tempo, momento"의 뜻으로 쓰였다.

2 **nel regno & il re** : "왕국" regno에 "왕" re가 있다면, "제국" impero에는 "황제" imperatore가 있다. 앞서 보았듯이 비교적 최근에 이탈리아도 단기간 통일 왕국이었던 시대가 있었다. 현재 유럽에는 스페인, 덴마크, 벨기에, 즉 각각 Regno di Spagna, Regno di Danimarca, Regno del Belgio 등이 왕국으로 남아 있고, 일본은 천황 (it. imperatore)이 있는 Impero del Giappone이다. 역사적으로는 로마제국 Impero romano, 신성로마제국 Sacro Romano Impero, 제정 러시아 Impero Russo 등이 흥망했다. 한편 "공화국" repubblica는 re+pubblica로 이루어진 말인데, 여기서 re는 "왕"(lat. rex)이 아니라 라틴어로 "cosa"(lat. res)를 뜻한다. 따라서 "cosa pubblica"는 "공공의 것", 즉 "국가" lo stato를 가리킨다.
참고로, ne*l* *r*egno와 i*l* *r*e를 읽을 때 'l'와 'r'가 충돌하여 발음이 쉽지 않은데, 이탈리아 사람들이 말하는 것을 잘 들어보면 첫소리인 'r'를 확실히 발음하기 위해서 끝소리 'l'를 역행동화시키거나 비음 처리하는 것을 알 수 있다. i*l* *r*agazzo도 같은 경우이고 u*n* *r*agazzo, il Festival di Sa*nr*emo,

또는 사람 이름인 Enrico에서와 같이 'n+r'의 경우도 마찬가지다.

3 **si accorse del**을 시작으로 본문에 등장하는 원과거(il passato remoto) 시제 동사들을 중복되는 것들도 포함하여 순서대로 짚어보자. si accorse di(inf. accorgersi di), cominciò(cominciare), trovò(trovare), diede(dare), scese(scendere), fondò(fondare), controllò(controllare), chiesero(chiedere), diede(dare), cominciarono(cominciare), fuggì(fuggire), uscì(uscire), cominciò(cominciare), pregò(pregare), sposò(sposare), diede (dare), 마지막으로 fondò (fondare)이다. 이들을 분류해 보면 대개 1군(-are)과 3군(-ire) 규칙변화 동사이고, accorgere, scendere, chiedere는 불규칙이 많은 2군(-ere) 동사에 속한다. 그리고 특이한 불규칙 활용을 하는 dare는 따로 분류된다. 역사와 이야기의 시제인 원과거는 글을 읽고자 한다면 반드시 익혀두어야 하는 시제다.

4 **permesso** : dare il permesso di "~하는 것을 허용/승락하다"는 기본적으로 permettere di와 같은 뜻이다. permesso는 동사 permettere의 과거분사에서 유래한 명사로서 동사만큼 많이 쓰이고 있다. 이탈리아에서 90일 넘게 머물고자 하는 외국인은 비자와 별로도 현지에서 신청하고 발급 받는 "체류허가증" il permesso di soggiorno가 필요하다. 다른 사람의 집, 사무실 등에 들어갈 때, 만원 버스 안에서 인파를 뚫고 지나갈 때 (È) Permesso? 하며 양해를 구한다. 몸짓이나 시선, 표정도 중요하지만 항상 말로써 분명한 의사 표현을 하는 것이 바람직한 공공 예절이라 하겠다.

5 **dandogli & dicendo & non potendo** : 이 세 동사는 각각 dare와 dire와 potere의 제룬디오 (gerundio) 형태이며 각각 해당 제룬디오 구문을 이끌고 있다. dandogli의 경우 간접목적대명사 gli(=a lui)가 후접된 것이고, non potendo는 부정어 non의 위치를 보여준다.

제룬디오 구문은 앞서 언급했던 바와 같이 종속절 함축법(forme implicite) 가운데 한 형태다. 즉, 접속사, 주어(주절과 같을 때), 시제(동사활용) 등의 정보를 제룬디오 하나에 담을 수 있다. 제룬디오에는 두 종류가 있다. 종속절과 주절의 시제가 같을 때 단순제룬디오(gerundio semplice), 종속절의 시제가 앞설 때 복합제룬디오(gerundio composto/passato)로 함축된다. 복합제룬디오는 {조동사의 제룬디오 avendo/essendo + 본동사의 p.p.} 형태를 갖는다.

본문에 나온 제룬디오는 모두 단순제룬디오다. 따라서 dandogli는 "e gli diede(dare의 원과거 3인칭 단수) tre sigilli celesti"로, dicendo는 "e poi disse"(dire의 원과거 3인칭 단수형)로, non potendo는 원인절 "poiché non poteva sopportare la pena"로 풀어서 쓸 수 있다.

만약 dandogli구문을 "하늘의 부적 세 개를 준 후에 인간세계에 내려가는 것을 허락했다"로 바꾸어 분명한 시간차를 표현하고자 한다면, 복합제룬디오 avendogli dato를 쓰는 것이 적합하다.

6 **un'orsa e una tigre femmina** : 동물 이름에 있어서 특이한 점은 바로 명사의 문법적 성(性, genere)이 그 동물의 암·수 구별과 종종 일치하지 않는다는 것이다. 사실 사람의 경우에도 앞서 직업 명사를 다룰 때 보았듯이 같은 현상이 적지않이 나타나고 있다(p.e. un medico donna여의사).

곰은 남성형(un orso)을 기본으로 하되 본문과 같이 여성형 도 따로 있어서 성별 지시에 문제가 없다. 그런데 호랑이는 기본형이 여성명사(una tigre)이고 남성형이 없기 때문에, 숫놈이면 la tigre maschio, 암놈이면 la tigre femmina 라 하여 별도의 수식이 필요하다. 반면에 남성형만 있는 동물이라면, 가령 돌고래의 경우 숫놈은 il delfino, 암놈은 il delfino femmina라고 쓴다. maschio 또는 femmina를 명사 앞에 놓아 il maschio della zebra, la femmina del leopardo라고도 한다.

한편, 동물의 새끼는 cucciolo(pl. cuccioli)라고 한다. 본래 강아지를 가리키는데 네발동물의 새끼도 통칭한다. orsacchiotto "새끼곰", lupacchiotto "새끼늑대"처럼 별도의 축소·애칭형 명사가 있는 경우도 있다. 나머지 동물의 새끼는 piccolo를 쓴다. p.e.: i piccoli dell'aquila "새끼독수리들".

7 "**Diventerete ~ se resisterete**": 이 문장은 가성문(periodo ipotetico)이다. "만약 ~라면"이라고 전제하는 종속절을 가정문에서는 조건절이라 부르고, 그 귀결인 "~할텐데"가 담겨 있는 주절을 결과절이라고 한다. 본문에서는 결과절이 앞에 있고 조건절이 뒤에 나왔다. 문법적으로 가정문은 가정(ipotesi)의 현실성, (실현)가능성, (실현)불가능성에 따라 크게 세 가지 문형으로 나뉘고, 그에 따라 동사의 시제 또한 직설법부터 조건법, 접속법까지 동원되는데, 본문은 조건절과 결과절에 모두 직설법 단순미래가 사용된 현실적 가정문에 해당한다. 가능성과 불가능성의 경우는 어떻게 표현되는 지 예문을 통해 간단히 비교해보자.

7-1. Se domani non piove, andiamo a fare una gita.
내일 비 안 오면, 소풍 가자.
(현실성 : 조건절 직설법 현재 – 결과절 명령법)

7-2. Se tu vincessi alla lotteria, che cosa faresti?
네가 복권에 당첨된다면, 무엇을 하고 싶니?
(가능성 : 접속법 반과거 – 조건법 현재)

7-3. Se avesse resistito di più, anche la tigre sarebbe diventata una donna.
더 버텼더라면, 호랑이도 여자가 되었을텐데.
(불가능성 : 접속법 대과거 – 조건법 과거)

8 **dopo aver patito ventun giorni** : 이 부분은 부정사(it. infinito) 구문이다. 동사를 보면 {조동사의 동사원형 + 본동사의 p.p.}의 형태를 띠고 있는데, 이것을 복합부정사(infinito composto)라고 부른다. 부정사도 제룬디오처럼 단순부정사(infinito semplice)와 복합부정사의 두 종류가 있고, 제룬디오 구문처럼 함축법에 사용된다. 단순부정사의 용법은 일반 동사원형의 쓰임과 같다고 보면 되고, 복합부정사는 본문처럼 주절보다 시제가 앞서는 부정사 구문을 만든다. 본문을 절로 풀어보면 dopo che aveva patito ventun giorni가 된다. 모든 과거시제보다 앞선 과거는 이렇게 대과거(trapassato prossimo)로 표현하는데, 주절이 원과거일 때는 선립과거(trapassato remoto)를 쓰기도 한다. 즉, dopo che ebbe(avere의 원과거 3인칭 단수) patito ventun giorni도 가능하다.

9 **la sposò** : 동사 sposare(결혼하다)는 일반동사로 쓰면 본문처럼 직접목적보어를 필요로 하고, 재귀동사(sposarsi)로 쓰면 "(~와) 결혼하다"라는 뜻이 되어, 단독으로 가령 A settembre mi sposo "9월에 나는 결혼한다"라고 하거나, 여기에 con la mia fidanzata "내 약혼녀와"라는 전치사구를 동반할 수 있다. 신부는 la sposa, 신랑은 lo sposo이고, 신혼부부는 i novelli sposi라 하는데, 그러므로 알레산드로 만조니(Alessandro Manzoni, 1785~1873)의 소설 *I promessi sposi*는 『약혼자들』로 번역 되었다. 참고로 Manzoni의 '-z-'를 무성음 [ts]로 읽지 않도록 주의한다. 이 경우에는 zona, romanzo, azienda와 마찬가지로 유성음 [dz]로 발음하는 것이 맞다.

원과거 – Il passato remoto

A. 접속법 현재 활용형 :

	I. arriv–are	II. cred–ere	III. fin–ire	avere	essere
io	arriv-**ai**	cred-**ei** (-**etti**)	fin-**ii**	ebbi	fui
tu	arriv-**asti**	cred-**esti**	fin-**isti**	avesti	fosti
lui/lei/ Lei	arriv-**ò**	cred-**é** (-**ette**)	fin-**ì**	ebbe	fu
noi	arriv-**am-mo**	cred-**emmo**	fin-**immo**	avemmo	fummo
voi	arriv-**aste**	cred-**este**	fin-**iste**	aveste	foste
loro/ Loro	arriv-**aro-no**	cred-**erono** (-**ettero**)	fin-**irono**	ebbero	furono

essere	avere	andare	dovere	potere	volere
sia	abbia	vada	debba (o deva)	possa	voglia
sia	abbia	vada	debba (o deva)	possa	voglia
sia	abbia	vada	debba (o deva)	possa	voglia
siamo	abbiamo	andiamo	dobbiamo	possiamo	vogliamo
siate	abbiate	andiate	dobbiate	possiate	vogliate
siano	abbiano	vadano	debbano (o devano)	possano	vogliano

* 1, 2, 3인칭 단수 활용형이 모두 같은 형태이므로 종종 주어를 동반한다.

B. 불규칙 속의 규칙

1. 대부분의 경우 1인칭과 3인칭 단수/복수만 불규칙 활용한다.
   a. -dere / -ndere : **chiedere**, chiudere, decidere, dividere, perdere, accendere, prendere, rendere,

rispondere, scendere, spendere, ecc.

b. -cere / -gere : convincere, vincere, costringere, dipingere, giungere, piangere, vincere, ecc.

*cogliere, togliere, scegliere, ecc.

2. 기타 불규칙 동사들

a. bere, cadere, conoscere, sapere, tenere, venire, volere

b. **fare, dare, stare**

c. **dire**, leggere, mettere, **nascere**, piacere, rompere, scrivere, vedere, vivere

C. 원과거 용법

역사적 사실의 기술이나 이야기체 문어에 많이 쓰이고, 근과거에 비해서 오래되고 이미 완료되어 현재와 무관한 일을 표현한다.

- Due anni fa **diedi** l'esame di chimica.
- I Romani **hanno costruito** molti degli acquedotti che ancora oggi usiamo.

- Giulio Cesare **conquistò** la Gallia.
- Dante Alighieri **scrisse** la *Divina Commedia*.
- Giovanni Boccaccio **morì** nel 1375.
- Molti italiani **emigrarono** in America dopo la seconda guerra mondiale.
- Lui mi **disse** : "Ti amo". E io gli **risposi** : "Lo so".

선립과거 – Il trapassato remoto

A. 형태 : 조동사 avere/essere의 원과거 + 본동사의 과거분사

B. 두 과거 중 앞선 과거를 나타내기 위해 쓰이며, 주절의 시제가 원과거인 경우에만 종속절에서 선립과거를 쓴다.

Es.
- Dopo che **ebbe letto** la lettera, la buttò via.
- Appena **fu giunto** all'isola, saltò giù dalla nave e baciò la sabbia.

Memo

Lezione 20

Una fiaba coreana: il vecchio con il bernoccolo

한국의 전래 동화: 혹부리 영감

C'era una volta, in un paesino molto lontano, un vecchio che aveva un grande bernoccolo al collo, sotto il mento. Era povero ma aveva un cuore molto buono.

옛날 옛적 아주 먼 마을에 턱 밑 목에 큰 혹이 달린 영감이 살고 있었습니다. 그는 가난했지만 마음씨는 아주 착했습니다.

Un giorno il vecchio andò nel bosco a raccogliere la legna. Era così immerso nel lavoro che non si accorse che il sole tramontava. Poiché d'intorno non si vedeva più niente, il vecchio finì per perdersi nel bosco. Mentre vagava qua e là, trovò una vecchia capanna abbandonata. Entrò dentro e cercò di dormire. Ma non ci riusciva dalla paura. Allora per combattere la paura, si mise a cantare a bassa voce. La sua dolce e bella voce si diffuse nel bosco. I folletti che vivevano in quel bosco sentirono il suo canto e si precipitarono da lui. Il capo dei folletti gli disse: "Ci piace molto cantare, ma non abbiamo mai visto uno che canta bene come te. Da dove viene quella voce così dolce e bella?" "Da questa gola, naturalmente, signore", rispose il povero vecchio con voce timida, tutto tremando dallo spavento. Visto che il vecchio indicò la propria gola, il capo folletto pensò che la voce venisse fuori dal bernoccolo e gli chiese di venderlo. E senza aspettare la risposta, il capo folletto agitò il suo bastone magico e gli portò via il bernoccolo senza fargli male, né lasciare traccia. In compenso gli regalò un sacco pieno d'oro.

I folletti poi, gridando di gioia, se ne andarono via. Quando finalmente sorse il sole, il vecchio tornò a casa sano e salvo con il sacco pieno d'oro.

어느 날 영감은 나무를 하러 숲으로 갔습니다. 그는 일에 몰두한 나머지 해가 저무는 것도 몰랐습니다. 주위가 보이지 않아 그는 숲에서 길을 잃고 말았습니다. 여기저기 헤매다가 그는 낡고 버려진 오두막 하나를 발견했습니다. 거기 들어가서 그는 잠을 자려고 했습니다. 그러나 무서워서 잠이 오지 않았습니다. 그래서 두려움을 이겨내기 위해 그는 작은 소리로 노래를 하기 시작했습니다. 그의 감미롭고 아름다운 목소리가 숲으로 퍼져 나갔습니다. 그 숲에 사는 도깨비들이 그의 노래를 듣고 오두막으로 달려왔습니다. 그들의 대장이 영감에게 말했습니다. "우리는 노래하는 걸 아주 좋아해. 근데 너처럼 노래 잘하는 사람은 여태까지 본 적이 없구나. 그렇게 감미롭고 아름다운 목소리는 어디서 나오느냐?" "당연히 이 목에서 나오죠, 나리" 하고 불쌍한 영감은 두려움에 온몸을 떨며 겁먹은 소리로 대답했습니다. 영감이 목을 가리키자 도깨비 대장은 소리가 혹에서 나온다고 생각하고 그것을 자기에게 팔라고 요구했습니다. 그리고 대답할 틈도 주지 않고 요술 방망이를 휘둘러 고통도 없고 흔적도 없이 혹을 떼어 갔습니다. 그 댓가로 영감에게 금이 가득 든 자루 하나를 선물로 주었습니다. 그리고나서 도깨비들은 기뻐서 소리를 지르며 사라졌습니다. 마침내 해가 떠올랐을 때 영감은 금이 가득 든 자루를 들고 무사히 집으로 돌아갔습니다.

Un altro vecchio che viveva nel paesino vicino sentì questa notizia. Anche lui aveva un grande bernoccolo al collo. Questi era avido e volendo sbarazzarsi del bernoccolo e guadagnarsi una fortuna, andò anche lui nel bosco. Quando fece buio, cominciò a cantare forte nella capanna. Finalmente a mezzanotte, con il bastone magico in mano, apparvero i folletti. Il loro capo disse al vecchio: "Sei molto bravo a cantare. Da dove viene il tuo canto?” “Senz’altro da questo bernoccolo, signore” gli rispose il vecchio con voce adulatoria. A questa risposta il capo folletto s’arrabbiò e tuonò: “Bugiardo! Come osi imbrogliarci ancora! Non vogliamo né questo né il tuo bernoccolo! Tieniti anche questo”. Il capo folletto gli attaccò l’altro bernoccolo sull’altra parte del collo. Alla fine il vecchio avaro dovette tornare a casa a mani vuote, con due bernoccoli al collo.

건너 마을에 사는 다른 영감이 이 소문을 들었습니다. 그도 목에 큰 혹을 갖고 있었습니다. 그는 욕심쟁이여서 혹을 떼고 부자가 되고 싶어서 그도 숲으로 갔습니다. 어두워지자 그는 오두막에서 큰 소리로 노래를 부르기 시작했습니다. 마침내 자정이 되자, 손에 요술 방망이를 들고 도깨비들이 나타났습니다. 그들의 대장이 영감에게 물었습니다. “너 노래 참 잘하는 구나. 네 노래는 어디에서 나오느냐?” “물론 이 혹에서 나오지요, 나리” 영감은 아첨하는 목소리로 대답했습니다. 이 대답에 도깨비 대장은 화가 나서 소리쳤습니다. “거짓말쟁이! 감히 우리를 또 속이려들다니! 우리는 이 혹도 네 혹도 필요없다! 이것도 가져가거라”. 대장은 영감의 목 반대 쪽에 다른 혹도 붙여 주었습니다. 결국 욕심쟁이 영감은 목에 혹 두 개를 달고 빈손으로 집으로 돌아 올 수 밖에 없었습니다.

구문 해설 및 문법 설명

1 **paesino** : 명사 paese에 작은말 접미사(suffisso diminutivo)인 '-ino'가 붙어서 "작은 마을, 외딴 마을"의 뜻이 되었다. 이렇게 변형된 명사들을 문법에서는 nomi alterati라고 부른다. 우리말에 큰말과 작은말, 센말과 여린말 등이 있듯이, 이탈리아어에도 accrescitivo(큰말), diminutivo(작은말), vezzeggiativo(애칭), spregiativo(또는 dispregiativo/peggiorativo, 경멸어)로 크게 네 가지 종류의 변형(alterazioni)이 있고, 접미사가 그 기능을 담당한다. 각각 대표적으로 몇 가지 예를 들어보면 다음과 같다.

1-1. accrescitivo :

l'uomo – l'omone, la sala – il salone,
la porta – il portone

1-2. diminutivo :

il ragazzo – il ragazzino, la casa – la casetta,
il toro – il torello

1-3. vezzeggiativo :

la sorella – la sorellina, il naso – il nasetto,
il cavallo – il cavalluccio

1-4. dispregiativo :

la giornata – la giornataccia, verde – verdastro,
la strada – la straducola

작은말과 애칭의 접미사가 공통되는 부분은 충분히 이해될 수 있다. 작은 것은 대개 귀여운 느낌을 주고 감정은 주관적이기 때문이다. 한편, 유사 변형명사들(falsi alterati)이 흥미롭다. p.e.: tacco(구두굽) – tacchino(칠면조), burro(버터) – burrone(벼랑), merlo(티티새) – merluzzo(대구), foca(바다표범) – focaccia(포카치아빵).

2 **legna** : 나무(木)는 이탈리아어로 살아있는 것은 albero, 재질이면 legno, 땔감이면 legna, 목재면 legname라고 한다. 가령, albero di Natale "크리스마스 트리", tavola di legno "나무식탁", forno a legna "화덕", magazzino di legname "목재 창고"라고 한다.

3 **così immerso nel lavoro che** : 소위 {così ~ che} 구문이다. così A che B라고 공식화 할 수 있겠는데, 이 구문은 "너무 A한 나머지 B가 되다"라는 뜻이다. A는 대개 형용사이고 B 자리에는 절이 온다. 이 절의 주어가 주절의 주어와 같으면, {così A + 전치사da + 동사원형} 식으로도 연결할 수 있다. 본문도 주어가 같은 경우이므로 Era così immerso nel lavoro da non accorgersi che il sole tramontava로 바꿔도 무방하다.

4 **non si vedeva niente** : 전형적인 *si* passivante, 즉 비인칭 수동태 구문이다. 능동태 문장이지만 "보이다"라는 수동태 의미를 갖고 있기 때문이다. 부정문이고 반과거 시제라서 혼동된다면 익숙한 시제의 긍정문으로 전환해서 분석해보는 방법도 있다. 예를 들어 Dalla mia finestra si vede il fiume Han "내 창문에서 한강이 보인다"와 비교해 볼 수 있다.

5 **il vecchio finì per perdersi nel bosco** : finì는 3군동사 finire의 원과거 규칙 3인칭 단수형이며, {finire per ~}는 "결국 ~하게 되다/끝내 ~가 되고 말다"라는 뜻을 가진 숙어다. 전치사 per 대신에 con+정관사를 써서 il vecchio finì col perdersi nel bosco라고 해도 같은 뜻이 된다.

6 **non ci riusciva dalla paura** : "~할 수 있다/해내다"를 뜻하는 {riuscire + a + 동사원형} 표현인데, "무서워서 할 수 없었던 일"이란 바로 앞 문장에 나온 dormire이므로, 이를 다시 반복하지 않고 전치사 a와 함께 부분대명사 ci로 묶어 동사(riusciva)와 부정어(non) 사이에 두었다. ci를 풀어 본문을 다시 써 보면, non riusciva a dormire dalla paura가 될 것이다.

7 **si mise a cantare a bassa voce** : mise는 2군동사 mettere의 원과거 불규칙 3인칭 단수형이다. 어떤 시제로든 자주 접하게 되는 동사이므로 원과거 전체 활용형을 반드시 기억해 두자(misi, mettesti, mise, mettemmo, metteste, misero). {mettersi a 동사원형}은 "~하기 시작하다/~에 착수하다"라는 숙어로, 따라서 본문의 si는 재귀대명사이다.

8 **Visto che il vecchio indicò la propria gola** : 여기서 Visto che라는 표현은 동사 vedere의 과거분사와 접속사 che로 이루어진 일종의 원인 접속사로 "~로 미루어 보아/~임을 보니" 또는 "~이니 만큼/~이기 때문에"로 해석할 수 있다. 비슷한 표현으로 동사 dare의 과거분사를 써서 어떤 주어진 상황을 전제하는 dato che도 많이 쓰인다. p.e.: Dato che ci siamo, divertiamoci! "이왕 여기 왔으니, 재미있게 놀자!". Visto/dato다음에 명사구도 올 수 있

다. 단, 이때 각 과거분사는 뒤에 오는 명사의 성수에 어미를 일치시켜야 한다. 가령, Visti i buoni risultati dei test, lo studente può passare al livello successivo "테스트 결과가 좋은 만큼 이 학생은 다음 단계로 넘어갈 수 있다".

9 **il capo folletto pensò che la voce venisse fuori dal bernoccolo** : 객관적 현실의 영역에 실현된 동작이나 상태가 아닌 경우 접속법(congiuntivo)으로 표현한다고 앞서 언급한 적이 있다. 본문의 문장을 보면 노인의 아름다운 노랫소리가 그의 목에 달린 혹에서 나온다고 도깨비 대장이 생각한(pensare) 것이므로, venire를 직설법으로 쓰지 않고 접속법 venisse로 썼다. 접속법에는 현재, 과거, 반과거, 대과거의 네 가지 시제가 있는데, 여기서는 주절이 과거(pensò)이고 종속절과 동시성(contemporaneità)의 관계에 있으므로 접속법 반과거를 썼다.

10 **gridando di gioia & volendo sbarazzarsi del bernoccolo** : 동사 gridare(외치다)와 volere의 제룬디오가 이끄는 이 두 개의 단순제룬디오 구문을 절로 풀어보자. 주어는 각각 해당 문장의 주절과 같고, 단순제룬디오 구문이므로 시제도 주절과 동시 관계에 있다. 그런데 gridando는 문맥상 "환호성을 지르며"라는 방법/양태를 표현하고, volendo는 "혹도 떼고 재물도 얻을(guadagnarsi una fortuna) 마음으로"라는 목적/이유를 말하고 있으므로 종속절을 이끌 접속사도 달라진다. 따라서 gridando는 (본문의 경우 의미상 단순제룬디오 그대로가 가장 적절한 양태의 표현이지만) mentre gridavano di gioia로, volendo는 poiché voleva sbarazzarsi del bernoccolo로 바꿀 수 있겠다.

11 **tornò a casa sano e salvo** : 여기서 sano e salvo는 "무사한"이라는 뜻으로 관용어구가 된 표현이다. 본래 sano는 "건강한", salvo는 "구출/구조된"이라는 뜻을 갖고 있다.
참고로 오래된 유명한 격언 가운데 Mens sana in corpore sano "건강한 몸에 건강한 정신(이 깃든다)"라는 말이 있다. 이것은 라틴어인데 이탈리아어로 옮겨도 큰 차이가 없어 그대로 인용되곤 한다. 이탈리아어로는 Mente (또는 Anima) sana in corpo sano라고 한다.

12 **Questi era avido** : 이 Questi는 조금 특별한 단어다. 이것은 문어에서 바로 앞에 언급된 사람을, 그들이 여러 명일 때는 가장 마지막 사람만을 지칭하는 남성 단수 지시대명사이다. 복수형이지만 단수를 의미하고, 거의 항상 사람만 대체하며 거의 항상 주어로만 쓰인다. 같은 용법의 남성 단수 주격 지시대명사로 "저 사람"을 뜻하는quegli(고어 quelli)도 있다. p.e.: *don Abbondio gli andò dietro, e, mentre quegli girava la chiave nella toppa, se gli accostò* (A. Manzoni, *I promessi sposi*) "돈 압본디오는 그의 뒤를 따라 갔다. 그리고 그가 열쇠구멍에 열쇠를 넣고 돌리는 동안 그에게 바싹 달라붙었다".

13 "**Senz'altro da questo bernoccolo**" : Senz'altro는 senza + altro가 축약된 형태로 직역하면 "다른 것 없이"라는 뜻인데, 달리 말하면 이는 곧 "물론", "틀림없이", "의심할 바 없이", "분명히"라는 의미가 된다. certamente, senza dubbio 등과 비슷한 말이다.

14 **Non vogliamo né questo né il tuo bernoccolo** : (Non) né ~ né 구문이다. "A도 B도 ~않다" 라는 뜻으로, né는 부정의 대상이 되는 어구(A, B) 앞에서 반복되고 그

어구들은 보통 서로 대칭되는 구조를 갖고 있다. né는 또한 non을 대신하기도 하는데 가령, Non vogliono né possono lasciare il paese "그들은 마을을 떠나고 싶어 하지도 떠날 수도 없습니다" 라고 쓸 수 있다.

접속법 현재 & 과거 – Il congiuntivo presente & passato (1/2)

A. 활용형 :

	I. arriv – **are**	II. cred – **ere**	III. sent – **ire**	III. fin – **ire**
io	arriv – **i**	cred – **a**	sent – **a**	fin – **isca**
tu	arriv – **i**	cred – **a**	sent – **a**	fin – **isca**
lui/lei/Lei	arriv – **i**	cred – **a**	sent – **a**	fin – **isca**
noi	arriv – **iamo**	cred – **iamo**	sent – **iamo**	fin – **iamo**
voi	arriv – **iate**	cred – **iate**	sent – **iate**	fin – **iate**
loro	arriv – **ino**	cred – **ano**	sent – **ano**	fin – **iscano**

chiedere	dire	nascere	fare	dare	stare
chiesi	dissi	nacqui	feci	diedi (detti)	stetti
chiedesti	dicesti	nascesti	facesti	desti	stesti
chiese	disse	nacque	fece	dicdo (dette)	stette
chiedemmo	dicemmo	nascemmo	facemmo	demmo	stemmo
chiedeste	diceste	nasceste	faceste	deste	steste
chiesero	dissero	nacquero	fecero	diedero (dettero)	stettero

* 1, 2, 3인칭 단수 활용형이 모두 같은 형태이므로 종종 주어를 동반한다.

B. 불규칙 동사 :

andare, bere, dare, dire, **dovere**, fare, **potere**, rimanere, salire, sapere, scegliere, stare, tenere, togliere, uscire, venire, **volere**, ecc.

C. 접속법 과거의 형태 : 조동사 avere/essere 의 접속법 현재 + 본동사의 과거분사

D. 용법 : 접속법은 가능성, 주관성, 불확실성의 시제로서 의심/우려, 가설/가정, 바람/희망, 의지/기원 등을 표현한다. 이러한 표현 영역은 주절의 동사와 종속절 접속사의 종류에 따라, 그리고 문맥에 따라 미리 전제되므로 접속법 사용 여부를 판단하는 것은 그리 어렵지 않다. 활용형도 발음도 그리 복잡하지 않다. 단지 우리말에 없는 시제 개념이기 때문에 예문을 많이 접하면서 접속법 고유의 표현 영역과 어감을 익혀 나간다면, 이 시제를 배움으로써 더 정교한 언어 표현이 가능해진 사고의 영역이 더 넓어지는 것을 경험할 수 있을 것이다.

접속법은 독립적으로 쓰이는 경우도 있지만 그 역시 주절이 생략된 것으로 볼 수 있으므로 기본적으로 종속절에서 쓰는 시제이다. 기준이 되는 주절의 시제가 현재일 때, 종속절의 행위/상태가 동시거나 미래이면 접속법 현재를 쓰고, 종속절의 행위/상태가 선행하면 접속법 과거를 쓴다.

주절 동사의 종류에 따른 용법의 예 :

1. *Non credo che* Paolo **sappia** il tedesco. (의견, 추측)
2. *Spero che* tu **non** gliel'**abbia** detto. (희망)
3. *Temo che* tu **non** mi **abbia capito**. (우려)
4. *Non so se* loro **siano** già **partiti** per la montagna. (의심, 불확실)
5. *Desidero che* me lo **restituiate** al più presto. (바람, 의지)
6. *Attendo* con impazienza *che* tu mi **racconti** tutto. (기대)
7. *Bisogna che* **vi riposiate** almeno un po' prima di partire. (필요)
8. *È* piuttosto *improbabile* che **abbiano** già **venduto** quella casa. (가능성)

9. *Non è giusto che* Luisa si arrabbi con me che non c' entro. (판단)

종속절 접속사의 종류에 따른 용법의 예 :

10. *Sebbene* sia tanto giovane, è una persona molto responsabile. (양보)
(*Prendo un caffè con te anche *se* ho molta fretta. 직설법)

11. Ripeto la spiegazione *affinché* tutti voi capiate i pronomi. (목적)
Ti presto questo libro *perché* tu lo legga.

12. Te lo dico *a patto che* tu non lo racconti a nessuno. (조건)

13. Questa macchina è *meno* costosa *di quanto* si possa immaginare. (비교)

14. Andremo a Palermo in aereo, *a meno che* tu non abbia cambiato idea. (예외)

15. Vado con piacere in un locale *che* non sia troppo affollato. (관계)

16. *Mi chiedo* che cosa si possa fare per aiutarlo. (의문)

기타 접속사 : prima che, senza che, qualsiasi(qualunque), chiunque, comunque, ecc.

17. Metterò in ordine la casa *prima che* venga il medico.

18. Esco dalla classe *senza che* il professore se ne accorga.

19. *Qualsiasi* cosa ti dica quell'uomo, non devi credergli.

20. Verrò nel pomeriggio, *comunque* vadano le cose con Mario.

주절과 종속절의 주어가 같을 때는 di + 동사원형 구문으로 연결한다.

21. *Penso* di avere ragione.

22. *Credo* di essere arrivato a Firenze il 27 ottobre.

23. Luca *spera* di avere preso la guida della città.

접속법 반과거 & 대과거 – Il congiuntivo imperfetto & trapassato(2/2)

A. 접속법 반과거 활용형 :

	I. arriv – **are**	II. cred – **ere**	III. sent – **ire**	III. fin – **ire**
io	arriv – **assi**	cred – **essi**	sent – **issi**	fin – **issi**
tu	arriv – **assi**	cred – **essi**	sent – **issi**	fin – **issi**
lui/lei/Lei	arriv – **asse**	cred – **esse**	sent – **isse**	fin – **isse**
noi	arriv – **assimo**	cred – **essimo**	sent – **issimo**	fin – **issimo**
voi	arriv – **aste**	cred – **este**	sent – **iste**	fin – **iste**
loro	arriv – **assero**	cred – **essero**	sent – **issero**	fin – **issero**

bere	dare	dire	fare	stare	tradurre
bevessi	dessi	dicessi	facessi	stessi	traducessi
bevessi	dessi	dicessi	facessi	stessi	traducessi
bevesse	desse	dicesse	facesse	stesse	traducesse
bevessimo	dessimo	dicessimo	facessimo	stessimo	traducessimo
beveste	deste	diceste	faceste	steste	traduceste
bevessero	dessero	dicessero	facessero	stessero	traducessero

* 1, 2인칭 단수 활용형이 같은 형태이므로 종종 주어를 동반한다.

B. 접속법 대과거 형태 : 조동사 essere/avere의 접속법 반과거 + 본동사의 과거분사

C. 용법 : 기본적으로 접속법 현재 및 과거와 같으나 주절의 시제가 과거라는 점이 다르다. 주절을 기준으로 종속절의 시제가 선행, 후행 또는 동시성의 관계에 있는지에 유의한다.

1. *Credevo che* Gianni avesse già visto questo film. (선행)
2. *Credevo che* Gianni lavorasse in fabbrica. (동시)
3. *Credevo che* Gianni partisse (sarebbe partito) fra un'ora. (후행)

주절의 동사가 조건법일때 :

1. *Vorrei* che tu mi trattassi da amico.
2. *Vorrei* che tu mi avessi trattato da amico.
3. *Avrei voluto* che tu mi trattassi da amico.
4. *Avrei voluto* che tu mi avessi trattato da amico.

주절과 종속절의 주어가 같을 때 : di + 동사원형 구문으로

1. *Pensavo* di arrivare in ritardo.
2. Paolo credeva di avere già letto quel libro.

Lezione

21

Storia coreana contemporanea

한국의 현대사

Il regno di Chosun è durato cinquecentodiciannove anni fino al 1910, l'anno in cui il Giappone si è annesso la Corea e l'ha governata per 35 anni. Durante questa occupazione, molte persone hanno lottato per l'indipendenza. Nel 1945, quando il Giappone è stato sconfitto nella seconda guerra mondiale, la Corea è stata liberata.

조선왕조는 1910년까지 519년 동안 지속되었으며, 이 해에 일본은 한국을 합병해서 35년 동안 통치했습니다. 이 점령기 동안 많은 사람들이 독립을 위해 싸웠습니다. 1945년 제2차 세계대전에서 일본이 패함으로써 한국은 해방되었습니다.

Ma la penisola coreana è stata divisa in due dagli Stati Uniti e dall'Unione Sovietica. La metà sud, vale a dire la Corea del Sud, ha formato il proprio governo sotto l'influenza degli USA; la metà nord, cioè la Corea del Nord, è andata sotto il controllo del regime sovietico. Come ideologia il Sud ha abbracciato il capitalismo, il Nord il comunismo. Con il passare del tempo, la tensione politica e ideologica fra le due Coree è diventata talmente forte che alla fine, nel 1950, è scoppiata la guerra civile.

그러나 한반도는 미국과 소련에 의해서 둘로 나뉘었습니다. 남쪽 절반, 즉 남한은 미국의 영향력 하에서 단독 정부를 구성했고, 북쪽 절반, 즉 북한은 소련의 통제를 받았습니다. 이데올로기로 남한은 자본주의를, 북한은 공산주의를 택했습니다. 시간이 지나면서 두 나라 사이의 정치적, 이데올로기적 긴장은 점점 더 고조되어 갔고 마침내 1950년 한국전쟁이 발발하였습니다.

La guerra è durata tre anni. È stata atroce e tragica. Milioni di persone sono morte o rimaste ferite. Il paese è stato distrutto quasi per intero. Centinaia di migliaia di persone hanno dovuto separarsi dalla propria famiglia. Anche dopo il cessate il fuoco c'è stato qualche conflitto militare tra le due parti.

전쟁은 3년 동안 계속되었습니다. 매우 참혹했고 비극적이었습니다. 수백만 명의 사람들이 죽거나 다쳤습니다. 나라는 거의 전체가 파괴되었습니다. 수십만 명의 사람들이 가족과 헤어져야만 했습니다. 정전 후에도 양측 사이의 군사적 갈등은 지속되었습니다.

Ma negli ultimi anni, si comincia a respirare un'aria di pace nella penisola coreana. Anche se il turismo al Nord non è ancora del tutto libero, oggi i sudcoreani possono visitare alcuni luoghi della Corea del Nord. Inoltre, ai familiari separati si offre la possibilità di rivedersi, seppure soltanto per due o tre giorni. E con l'intreccio sempre più fitto degli scambi economici, gli imprenditori e i leader politici di entrambe le parti si mettono più spesso al tavolo di dialogo. La Corea del Nord è un paese molto chiuso e ha bisogno di aprire le porte per uscire dall'isolamento internazionale e dalla miseria economica. Date così le circostanze, si può credere che la penisola coreana potrà riunificarsi in un futuro non molto lontano.

그러나 최근 들어 한반도에 평화 분위기가 조성되고 있습니다. 비록 북한으로의 관광이 완전히 자유롭지는 않지만 오늘날 남한 사람들은 북한의 일부 관광지를 방문할 수 있습니다. 또한 이산 가족들에게 2-3일에 불과하지만 서로 만날 수 있는 기회도 주어집니다. 경제 교류가 긴밀해짐에 따라 양측 기업인들과 정치 지도자들은 더 자주 대화의 자리에 마주 앉습니다. 북한은 매우 폐쇄적인 국가로서, 국제적 고립과 경제적 빈곤에서 벗어나기 위해서는 문호를 개방해야 합니다. 현재의 이러한 상황을 볼 때, 한반도는 멀지 않은 장래에 다시 통일이 될 수 있을 것입니다.

구문 해설 및 문법 설명

1 **è durato cinquecentodiciannove anni & Durante** : "지속되다"를 뜻하는 동사 durare의 근과거 형태인데, 조동사로 avere를 쓸 수도 있으며 지속기간 앞에 전치사 per를 넣기도 한다. 명사형으로 la durata, 형용사형으로 duraturo가 있고, 시간의 전치사 durante는 이 동사의 현재분사형에서 유래하였다. 한편, 단테(Dante Alighieri, 1265~1321)의 본명이 Durante라는 것은 잘 알려져 있는 사실이다.

1-1. La pioggia dura da ieri notte e durerà fino a domani mattina. (지속)

1-2. È(/Ha) durato a piovere per tutta la notte.
(지속, 비인칭-날씨. 이 경우 continuato가 주로 쓰임)

1-3. I cibi in scatola durano (per) anni.
통조림 음식은 오래간다. (보존/유지)

1-4. Duravo fatica a credergli.
(=Facevo fatica a 가 일반적으로 쓰임)
그를 믿기가 힘들었다. (숙어)

2 **l'anno in cui** : cui는 전치사를 동반하는 관계대명사다. 주격이나 목적격은 전치사를 필요로 하지 않지만 간접목적격이나 기타 부사격은 다양한 전치사가 요구된다. 여기서 말하는 격이란 선행사가 관계절 속에서 맡은 역할(주어, 직접목적어, 간접목적어 등)을 가리킨다. 본문에서 선행사 l' anno는 이어지는 관계절에서 in quell'anno "그 해에"라는 시간의 부사어 역할을 하고 있으므로 in을 동반할 수 있는 관계대명사 cui로 연결되었다. 물론 quando로 간단히 l'anno in cui 전체를 대신할 수도 있다.

3 **vale a dire** : 직역하면 "~라고 말하는 것과 같은 의미(가치)가 있다"이고, vale는 동사 valere의 3인칭 단수 직설법 현재형이다. 이 숙어는 문장 내에서 대칭을 이루고 있는 cioè와 비슷한 말로, "즉", "다시 말해서", "다른 말로 하면"을 뜻한다. 같은 표현으로 in altre parole, ovvero, ossia도 많이 쓰이고 있다.

4 **hanno dovuto separarsi** : 여기서 separarsi는 재귀동사(상호적 용법)이다. 재귀동사가 보조동사(dovere, potere, volere)와 함께 쓰일 때, 재귀대명사의 위치는 유동적임을 앞서 보았다. 즉, Domani Elisa si deve alzare presto(보조동사의 앞)는 Domani Elisa deve alzarsi presto(본동사에 후접)와 같은 뜻이다. 그리고 재귀동사는 항상 조동사 essere를 써서 복합시제를 만든다는 것도 보았다. p.e.: Ieri Elisa si è alzata presto. 또한 복합시제에서 보조동사는 동반하는 본동사에 따라 avere를 쓸지 essere를 쓸지 결정한다는 것도 익히 알고 있다. p.e.: Ieri Elisa ha dovuto lavorare; Ieri Elisa è dovuta uscire presto. 그런데 {보조동사+재귀동사}의 복합시제의 경우에는 재귀대명사의 위치에 따라 조동사가 결정된다. 즉, 본문의 경우처럼 재귀대명사가 본동사에 후접되면 avere를 쓰고, 조동사의 앞으로 나오면 essere를 쓴다. 이 때 보조동사의 과거분사를, 모든 essere 복합시제에서 그렇듯이, 주어의 성·수에 일치시키는 것을 잊지 않도록 한다. 이에 따라 본문을 재귀대명사가 앞으로 이동한 문형으로 바꿔보면 si sono dovuti separare가 된다.

5 **il cessate il fuoco** : 잘 알다시피 한국전쟁은 공식적으로 아직 종전(終戰)된 것이 아니고 일시 중단된 것이다. 지난해 2013년은 그렇게 중단된 지 60주년이 되는 해였다. 누구는 정전(停戰, il cessate il fuoco/la tregua) 상태로 보고 누구는 휴전(休戰, armistizio)협정을 맺었다고 한다. 이 둘은 거의 같은 말이다. cessate il fuoco는 "발포/사격 중지"라는 군대의 구령이 그대로 "정전"이라는 명사로 굳어진 것이다. cessate는 사실 동사 cessare의 명령법 2인칭 복수(voi)형이다.

6 **Anche se il turismo al Nord non è** : anche se는 "비록 ~하더라도"라는 뜻의 양보(concessiva) 접속사다. 양보절(benché, sebbene, nonostante, ecc.)은 접속법의 영역이지만 anche se 구문만은 예외적으로 직설법을 주로 쓴다. 가끔 se anche라고 두 단어의 순서가 바뀌어 있는 경우를 보게 되는데, anche는 기본적으로 뒤에 오는 말을 수식하며 양보절이 아니라 가정문의 조건절일 수도 있으므로, 앞뒤 문맥을 충분히 고려하여 이해하도록 한다.

7 **entrambe le parti** : entrambe는 entrambi의 여성형이다. 이 대명사는 고어(古語)가 아닌 이상 항상 복수형이며, 수식하는 명사 앞에 놓이는데 특이한 것은 그 뒤에 관사를 둔다는 것이다. 비슷한 표현으로 tutte e due le parti가 있다.

8 **Date così le circostanze** : 함축법(forme implicite: 부정사, 제룬디오, 분사 구문) 가운데 분사 구문에 해당한다. 앞서 {visto che/dato che + 절}의 용법과 함께 언급했던 바와 같이, {visto/dato + 명사구} 형식도 많이 쓰이는 표현이다. 이렇게 명사구를 동반할 때는 본문과 같이 과거분사의 어미를 반드시 성·수 일치시키도록 한다.

조건법 현재 & 과거 – Il condizionale presente & passato/composto

A. 조건법 현재 활용형 : 직설법 미래와 유사(-er-/-ir-)하며, 불규칙 동사도 같다.

	I. compr-are	II. prend-ere	III. prefer-ire	essere
io	compr-**erei**	prend-**erei**	prefer-**irei**	sarei
tu	compr-**eresti**	prend-**eresti**	prefer-**iresti**	saresti
lui/lei/Lei	compr-**erebbe**	prend-**erebbe**	prefer-**irebbe**	sarebbe
noi	compr-**eremmo**	prend-**eremmo**	prefer-**iremmo**	saremmo
voi	compr-**ereste**	prend-**ereste**	prefer-**ireste**	sareste
loro	compr-**erebbero**	prend-**erebbero**	prefer-**irebbero**	sarebbero

avere	andare	volere	vedere	venire
avrei	andrei	vorrei	vedrei	verrei
avresti	andresti	vorresti	vedresti	verresti
avrebbe	andrebbe	vorrebbe	vedrebbe	verrebbe
avremmo	andremmo	vorremmo	vedremmo	verremmo
avreste	andreste	vorreste	vedreste	verreste
avrebbero	andrebbero	vorrebbero	vedrebbero	verrebbero

* dovere, potere, sapere, vivere, bere, rimanere, tenere, venire, cominciare, mangiare, dare, fare, stare 도 조건법 현재로 활용해 보자.

B. 조건법 과거 형태 : 조동사(avere/essere)의 조건법 현재 + 본동사의 과거분사

C. 조건법 현재 용법 : 사실을 기술하는 직설법과 달리, 조건법은 어떤 특정한 상황/조건 하에서 일어날 수 있는 행위나 상태를 표현한다.

1. Mi piacerebbe tanto venire con voi in montagna.
   (희망, 의도) "~하면 좋겠다, ~하고 싶다"
2. È molto ricco : potrebbe vivere senza lavorare.
   (가능성) "~할 수도 있겠다"
3. Prenderei un altro po' di pastasciutta (se possibile).
   (의지) "~할래, ~해야겠다"
4. Signore, saprebbe dirmi dov'è la stazione?
   (공손한 표현) "~해주시겠습니까?"
5. Non so se Laura riuscirebbe a fargli cambiare idea.
   (추측, 의구심) "~할 지 모르겠다"
6. Non ho il numero di telefono di Luca, altrimenti te lo darei. (조건) "~다면 ~할텐데"

D. 조건법 과거 용법 :

1. 주절에서 :

a. Ieri sarei venuta volentieri alla festa, ma ero a letto con la febbre. (과거에 실현되지 못한 일)

b. Avrei cenato volentieri a casa, ma il frigorifero è vuoto. (현재도 미래에도 실현 불가능한 일)
   - Domani sarei partito volentieri con voi, ma devo restare in città.

2. 종속절에서 : 과거 속의 미래 (혹은 화법)

a. Ti dicevo che **avrebbe piovuto**.

(← Ti dico che pioverà.)

b. Mario mi ha detto che **avrebbe preso** in affitto una casa al mare.

(← Mario mi dice che prenderà in affitto una casa al mare.)

Memo

Lezione 22

I giovani coreani di oggi

현대 한국의 젊은이들

Per parlare dei giovani di oggi, non si può non menzionare prima la generazione precedente, che per molti aspetti viene spesso messa a confronto con quella attuale. I genitori della giovane generazione hanno vissuto la più crudele guerra nella storia coreana: la guerra di Corea(1950~1953). Quando loro erano adolescenti, la Corea era un paese agricolo, sono cresciuti in una famiglia numerosa e povera. Per questo, invece di contare sul sostegno dei genitori, dovevano darsi da fare da soli per il proprio futuro. Attraversando la rapida industrializzazione degli anni Sessanta e Settanta, questa generazione ha sacrificato i desideri personali e ha dedicato la vita per creare una società economicamente ricca. Dal punto di vista della politica interna, questi anni corrispondono al periodo della lotta per la democratizzazione del paese.

오늘날의 젊은이들에 대해 말하려면 여러 면에서 종종 그들과 비교되는 이전 세대에 대해 먼저 언급하지 않을 수 없다. 젊은 세대의 부모들은 우리나라 역사상 가장 참혹했던 전쟁인 한국동란(1950~1953)을 겪었다. 이들이 청소년이었을 때 한국은 농업 국가였고 그들은 가난한 대가족에서 자라났다. 따라서 부모들의 보살핌을 받기보다는 스스로 자신의 미래를 개척해야만 했다. 1960년대와 1970년대의 급속한 산업화 과정을 거치면서 이 세대는 개인적인 욕구를 희생하고 사회에서 경제적 의무를 다하는 데에 일생을 바쳤다. 국내 정치 측면에서 보면 이 때는 민주화 투쟁 기간에 해당한다.

- Diversamente dai loro genitori che con fatica sono riusciti alla fine a creare una società relativamente benestante, i giovani di oggi sono cresciuti fin dall'inizio in un ambiente economicamente agiato. Molti di loro vengono da una famiglia nucleare con uno o due figli soltanto, e questo è il risultato della campagna nazionale per il controllo delle nascite. Di conseguenza i figli sono sempre al centro assoluto dell' interesse dei genitori, che credono che l'educazione dei figli sia la cosa più importante. Vivendo in una società economicamente sviluppata e politicamente democratica, non hanno bisogno di fare sacrifici se non per se stessi. Con la globalizzazione, poi, hanno anche l'opportunità di conoscere il mondo esterno. Paradossalmente però tutti questi vantaggi che godono li fanno vivere sottomessi nella costante competizione.

이러한 노력으로 마침내 상대적으로 유복한 사회에 정착하게 된 부모들과는 달리 오늘날의 젊은이들은 바로 그 경제적 안락함 속에서 처음부터 성장했다. 그들 중 대부분은 한 두 자녀만을 둔 핵가족 출신인데 이것은 국가적인 산아제한 캠페인의 결과이다. 이로 인해 자녀들은 항상 부모들의 관심의 초점이며, 부모들은 자녀들의 교육을 가장 중요하게 여긴다. 경제적으로 발전했고 정치적으로 민주화된 사회에 살고 있는 이들 젊은이들은 자기자신이 아닌 무엇을 위해서도 희생할 필요가 없다. 또한 세계화로 인해 더 넓은 바깥 세상을 알게 될 기회도 가지고 있다. 하지만 역설적으로 그들이 누리는 이러한 모든 장점들은 그들을 끝없는 경쟁 속에 종속되어 살게 한다.

- Ciò nonostante, essendo una generazione competente e altamente istruita, il loro modo di pensare è aperto e positivo. Sta in questo la fiducia da parte della generazione precedente, secondo la quale questi giovani sono sufficientemente capaci di farsi carico del futuro del paese.

  그럼에도 높은 교육을 받고 경쟁력을 갖춘 세대이므로 이들의 사고방식은 개방적이고 긍정적이다. 이들이 나라의 미래를 짊어질 충분한 능력을 지니고 있다는 이전 세대의 신뢰는 여기에 기인한다.

구문 해설 및 문법 설명

1 **Per questo**(전치사+지시대명사)는 본래 접속사는 아니지만, per cui(전치사+관계대명사)처럼 종종 바로 앞에 언급된 내용을 가리키며 "그러므로"의 뜻으로 접속사 기능을 하기도 한다. 본격적인 결과 접속사에는 perciò, quindi, dunque, pertanto 등이 있다. 몇 가지 자주 사용되는 접속사 및 준접속사를 들어보면 다음과 같다. 곁에 적은 뜻은 문맥에 따라 달라질 수 있다.

대등 : inoltre, per di più 게다가 ; altrimenti 그렇지 않으면 ; tuttavia 그러나, nondimeno 그럼에도, mentre 반면에, anzi 그보다는, piuttosto 오히려 ; infatti, in effetti 사실, 그도 그럴것이, 실제로

목적 : perché, affinché ~하도록 하기 위해서
조건 : purché, a patto che, a condizione che, basta che ~라면/~한다는 조건으로
원인 : siccome, dal momento che ~이기 때문에, per il fatto che ~라는 사실로 보아
양보 : seppure, sebbene, benché, nonostante (che), per quanto 비록 ~임에도 불구하고
귀결 : in modo che, cosicché (그리하여) ~이 되도록
시간 : mentre ~하는 동안, finché ~할 때까지, (non) appena ~하자마자
제한 : in quanto ~인 만큼, per quanto ~에 한해서는

제외 : salvo che, a meno che ~가 아니라면

2 **contare sul sostegno dei genitori** : contare su는 "~에 의지하다/맡기다, 믿다"라는 뜻으로, 인칭대명사가 오면 전치사를 하나 더 써서, 가령 Lui è il miglior avvocato del mondo. Conto su di lui "그는 세계 최고의 변호사다. 나는 그를 믿는다"라고 표현한다. {su (di) ~} 부분을 대명사로 받을 때는 ci를 쓴다. p.e.: Posso contare sul tuo aiuto? "네 도움을 기대해도 될까?" Puoi contarci senz' altro. "물론 그래도 되지", 또는 명령법으로 Contaci! "믿어 봐!"라고 대답할 수 있다. 관계절에서는 어떻게 쓰이는지 보면, Lei non ha mantenuto la sua promessa su cui contavo molto "그녀는 내가 매우 믿었던/의지하고 있던 그녀의 약속을 지키지 않았다"와 같이 관계절의 contavo는 선행사 la sua promessa와 연결되기 위해서 su가 필요하므로 전치사를 동반할 수 있는 관계대명사 cui를 썼다.

2 **battere la strada da soli per il proprio futuro** : battere la strada는 길을 트거나 다져서 내는 것을 말한다. battere un luogo라 하면 어떤 지역을 "빈번하게 오가다/드나들다"라는 뜻이 된다. battere nuove strade "새로운 영역을 개척하다"라는 진취적인 표현도 있다. "길을 여는 사람" il battistrada 역시 매우 용기있고 도전적인 뉘앙스를 풍긴다. da soli "그들의 힘으로"와 proprio "그들 자신의"는 그러한 어조를 이 문장에 더해 주고 있다.

4 **Dal punto di vista della politica interna** : dal punto di vista di는 "~의 관점에서"라는 우리말과 정확히 대응되는 표현이다. 때 시(時)가 아닌 볼 시(視)를 쓰는 "시점(視點)" 역시 punto di vista라고 부른다. "우리의 관점에서"라고

말하고자 한다면 소유형용사 nostro를 punto 앞에 넣어 dal nostro punto di vista라고 응용할 수 있다. 한 시점을 기준으로 2차원의 평면에 3차원의 거리감을 나타내는 회화 기법을 잘 알다시피 "원근법" la prospettiva라고 한다. 이 말 또한 시각/견해/입장에 비유되어 많이 쓰인다. 가령 in questa prospettiva는 da questo punto di vista와 같은 뜻으로 볼 수 있다.

5 **credono che l'educazione dei figli sia la cosa più importante** : credere "믿다/생각하다"는 목적절에 접속법 시제가 요구되는 대표적인 동사다. 바로 주관성 때문인데, 따라서 본문에서도 essere의 접속법 sia가 쓰였다. 주절과 종속절의 시제가 동시성(contemporaneità)을 갖고 있으므로 시제 일치의 원칙에 따라 주절의 직설법 현재에 대하여 종속절에 접속법 현재를 썼다.
한편 la cosa più importante는 형용사의 상대최상급(superlativo relativo) 형태인데, 본문처럼 명사가 앞에 나올 수도 있고, 형용사 뒤에 놓여 la più importante cosa라고 하기도 한다.

6 **secondo la quale** : quale는 항상 정관사를 앞에 동반하고 선행사의 성과 수에 따라 형태가 달라지는 관계대명사다(il quale, la quale, i quali, le quali). quale는 주격/목적격의 che, 전치사를 동반하는 cui 둘 다 대체할 수 있다. 선행사와 성·수 일치를 이룬다는 것이 대체하는 이유를 충분히 납득시켜준다. 즉, 애매한 상황에서 더 정확한 지시가 가능하다는 얘기다. 본문의 경우 문맥상 판단의 주체는 기성세대로서 선행사가 불분명한 경우는 아니므로 secondo cui라고 써도 무방하다. 여기서 secondo는 물론 "~에 의하면/따르면"이라는 뜻의 전치사다.

시제일치 : 직설법 & 접속법 – La concordanza dei tempi : indicativo & congiuntivo

A. 현재 (주절 기준)

	Marco è venuto/venne/veniva in estate. (선행 : 직설법 근과거, 원과거, 반과거)
So che	Marco viene in estate.
	Marco sta arrivando. (동시 : 직설법 현재)
	Marco verrà/viene in estate. (후행 : 직설법 단순미래/직설법 현재)

	Marco sia venuto in estate. (접속법 과거)
Credo che	Marco venga in estate. /
	Marco stia arrivando. (접속법 현재)
	Marco verrà/venga in estate. (직설법 단순미래/접속법 현재)

B. 과거(근과거, 원과거, 반과거, 대과거 가능)

	Marco era venuto in estate. (직설법 대과거)
Sapevo che	Marco veniva in estate. /
	Marco stava arrivando. (직설법 반과거)
	Marco sarebbe venuto/veniva in estate. (조건법 과거/직설법 반과거)

	Marco fosse venuto in estate. (접속법 대과거)
Credevo che	Marco venisse in estate. /
	Marco stesse arrivando. (접속법 반과거)
	Marco sarebbe venuto/venisse in estate. (조건법 과거/접속법 반과거)

C. 미래

	Marco ha agito/agì/agiva/avrà agito male. (근과거, 반과거, 원과거, 선립미래)
Dirò che	Marco agirà/agisce male. (단순미래/현재)
	Marco agirà male. (단순미래)

	tu avessi studiato. (접속법 대과거)
Vorrei/avrei voluto che	tu studiassi. (접속법 반과거)
	tu studiassi. (접속법 반과거)

기초 이탈리아어 스피치

초판 인쇄 2014년 8월 25일
초판 발행 2014년 9월 1일

지은이 한국외국어대학교 이탈리아어통번역학과
발행인 김인철
발행처 한국외국어대학교 출판부
130-791 서울특별시 동대문구 이문로 107
전화 02)2173-2495~7
팩스 02)2173-3363
홈페이지 http://press.hufs.ac.kr
전자우편 press@hufs.ac.kr
출판등록 제6-6호(1969. 4. 30)
디자인 · 편집 디자인퍼브 02)2254-4308
인쇄 · 제본 현문자현 031)902-1424

ISBN 978-89-7464-936-4 13780 정가 17,000원

*잘못된 책은 교환하여 드립니다.

HUiNE은 한국외국어대학교출판부의 어학도서, 사회과학도서, 지역학 도서 Sub Brand이다. 한국외대의 영문명인 HUFS, 현명한 국제전문가 양성(International+Intelligent)의 의미를 담고 있으며, 휴인(携引)의 뜻인 '이끌다, 끌고 나가다'라는 의미처럼 출판계를 이끄는 리더로서, 혁신의 이미지를 담고 있다.